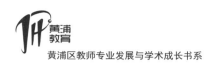

黄浦区教师专业发展与学术成长书系

跨学科主题学习设计：
大概念视角

杨东平　　柯晓莉　著

上海教育出版社
SHANGHAI EDUCATIONAL
PUBLISHING HOUSE

序　言

　　《义务教育课程方案（2022 年版）》对跨学科主题学习提出了明确要求，如"统筹设计综合课程和跨学科主题学习""开展跨学科主题教学，强化课程协同育人功能""原则上，各门课程用不少于 10% 的课时设计跨学科主题学习"等。这已成为推动学校新一轮课程改革的重要内容，也是促进教师专业发展的强劲动力。本书就是在这样的背景下孕育而成的。

　　本书起步于两个概念——跨学科主题学习与大概念，但没有仅停留在概念层面，而是用案例着重分析了跨学科主题学习的价值与意义，以及跨学科主题学习中的初中地理大概念。这些大概念并不多，但非常实用，与生物学中的环境与生物的内容相互补充，成为跨学科案例分析最重要的知识构成。与此同时，作者扩充了大概念体系，不仅有学科大概念，还有跨学科大概念以及哲学大概念。这也为跨学科的题目命制、作业设计以及相关学科的跨学科整合夯实了基础。

　　在此基础上，作者提出围绕大概念来进行跨学科主题学习设计，具体怎么做呢？简而言之，就是将大概念贯穿跨学科主题学习设计的始终，融入多个要素，具体表现为："主题设计"——分解大概念，"目标设计"——外显大概念，"问题设计"——转化大概念，"任务设计"——建构与应用大概念，"评价设计"——理解与迁移大概念。这是一种典型的大概念思维或者以概念为本的思维。这样的思维解决了两个问题：一是有助于基于理解的大概念教学，把素养培育下沉到教学的各个环节中，使教学评一致性成为可能；二是把复杂的跨学科主题学习设计简单化处理，让其变得更容易理解，也更容易操作。

　　书中参考借鉴了目前诸多与跨学科领域相关的研究成果，如大问题、大项目、大单元等，并且将它们有机整合在一起，构筑了案例式、项目式、研学式、实践式、单元式等跨学科主题学习的设计范式。这些范式能帮助教师借助模板工具以及提供的案例，快速地完成跨学科主题学习设计。这是一种典型的教研思维，把教研员的桥梁作用发挥到了极致，同时输出更多可操作范式并推送给中小学教师，帮助他们跨越理论鸿沟，脱离概念繁杂的"苦海"。

为什么可以做到这样？究其本源，跨学科主题学习的信息流动过程即大概念建构与应用的过程，实现这一过程的形式多种多样，譬如案例教学、项目学习、研学活动等。借助这些形式，学生理解了大概念并学会了迁移运用。为什么要有多种形式呢？这与人的多元智能需求有关，有的人在直观的案例学习中获得大概念知识，有的人在做事的过程中习得概念性知识，有的人在行走中获得感悟。因此，满足学生的多元智能需求才是跨学科永葆活力的关键。

跨学科主题学习设计的尽头是什么？本书的设计部分首先从跨学科主题学习的要素设计说起，然后是案例设计，最后是课程设计，形成了一个完整的"绿水青山就是金山银山"主题课程群。这是一种典型的课程思维，把课堂活动升华为项目或案例，把项目或案例升华为一门课程，把若干门课程打造为课程群或学校特色课程或校本课程。这种源自实践的课程研发模式为学科、学校甚至区域的校本课程建设提供了一种问题解决思路。

关于跨学科主题学习设计，如何让每位教师都能做到，而且做得更好呢？作者使出十八般武艺，不仅把大概念思维、大教研思维以及大课程思维发挥到了极致，而且搬出了读者思维这道"撒手锏"，在行文表达、阐释说理方面，用一个个鲜活的案例把读者带入各种生动的场景，帮助读者理解各种设计之法。看了就能懂，懂了就能用，一目了然。

这本书展现了两位作者在跨学科主题学习设计方面的崭新探索，其中的诸多内容值得借鉴，特此推荐。

华东师范大学课程与教学研究所

安桂清

前言：必须跨过这道坎

> 如果一件事情做起来很烦、很难，人们就会不高兴做，这是人之常情。
>
> 如果让一件事情变得不那么烦、不那么难，人们就会愿意去做，这也是人之常情。
>
> ——作者

当我们要开展跨学科主题学习设计培训时，有人说这是一件吃力不讨好的事情，也有人说跨学科主题学习设计很烦、很难。

为什么很烦？烦是因为设计的流程烦琐，包括教材分析、学情分析、问题分析、目标设计、重点难点设计、流程设计、过程设计、评价设计等。烦琐的流程保障了人们思考的深度，但同时也使人们的精力不断被消耗，而无法顺利地从起点走向终点，或者即便走到了终点，也是"伤痕累累"。

为什么很难？因为理解起来很难，比如大概念、项目化、大单元、大主题等。这些概念的出现从某种意义上来说意味着人们对教学设计的认识愈加深刻，但同时人们也被这些概念困扰，以至于更愿意在原有的舒适区里精耕细作。

如何才能跨过这道坎呢？我们做了一件很重要的事：让设计变得不那么烦和难。具体怎么做的呢？

第一部分，界定两个概念，即大概念与跨学科主题学习。针对教师凝练大概念有困难的实际情况，我们从学科核心素养着手，同时结合课程标准，以地理学科为例，凝练了几个大概念，主要有"自然环境各要素相互作用""地理环境影响人类活动""人类活动改变地理环境""区域是一个复杂的系统""地图是人类认识世界的工具"等。不仅如此，我们还在大概念下细分出部分子概念。教师拿来就可以用。

第二部分，在跨学科主题学习的要素设计中，我们删繁就简，仅保留了必要的设计要素，即主题设计、目标设计、问题设计、任务设计和评价设计。同时，针对教师认为设计流程难以把握的情况，我们将大概念贯穿设计始终，通过分解、外显、转化、建构与应用、理解与迁移大概念等来设计各个要素，如"主题设计"——分解大概念，"目标设计"——外显大概念，"问题设计"——转化大概念，"任务设计"——建构与应用大概念，"评价设计"——理解与迁移大概念。只要把大概念弄明白，教师就可以围绕大概念设计各个要素了。

第三部分，跨学科主题学习的案例设计，包含案例式、项目式、研学式、实践式、单元式等类型。如何在这一块删繁就简？我们的思路是不纠结概念，直接提供设计模板和设计案例。在培训过程中，我们主要通过具体的案例来帮助教师理解各种模板，在理解的基础上，教师套用模板便基本可以自行完成各种设计。

事实证明，优化设计内容与设计流程是跨过这道坎的关键。其实，跨学科主题学习设计既不烦也不难。通过本书，你会发现一片新天地，跨学科主题学习设计原来是一件有趣的事情。

2023年，我们梳理了前期培训的资料，整合了教师们的跨学科案例，完成了暑期大培训，形成了"绿水青山就是金山银山"主题课程群。同年11月，我们召开了一次面向全区教师的跨学科主题学习设计研讨会，分享了部分研究成果。此次研讨会上，华东师范大学地理科学学院博士研究生导师段玉山教授高度评价了黄浦区地理、生物学两门学科跨学科教研的品质和实效，建议在更大范围内进行展示和交流，提升学术影响力和辐射面。北京师范大学生命科学学院博士研究生导师王健教授从跨学科课程设计的层次性、基于实证开展探究实践的科学性、参与社会话题的必要性、核心素养落实的有效性等角度对活动进行了精准点评和深入指导。上海市教师教育学院（上海市教育委员会教学研究室）地理教研员殷育楠老师以"内容的情境化、情境的任务化、任务的问题化、问题的活动化、活动的思维化"等关键词概括了区域推进跨学科主题学习的基本范式，同时对于老师们持续打磨、精益求精、不断迭代升级案例品质的行为给予了充分肯定。

2024 年 1 月，黄浦区成功获批建设"义务教育教学改革国家级实验区"。同年 4 月，黄浦区教学综合改革项目（跨学科主题学习子项目）启动。来自不同学校、不同学段、不同学科的教师聚集在一起，思维的碰撞引发新的火花。通过成立跨学科主题学习子项目研究团队，我们进一步扩大"朋友圈"，共享不同领域的跨学科案例和研究成果，共同推动跨学科主题学习设计向前发展。

前文所述就构成了本书的主要内容。与其说本书是一本教人怎么开展跨学科主题学习设计的书，不如说是一本解决我们自身困惑的书。而解的惑，也很简单，就是让跨学科主题学习设计简单一些。

如果你是一个极简主义者，相信你会喜欢上这本书。

大概念并非零散的知识碎片，而是认知生长的根系；跨学科不是形式主义的拼盘，而是思维共生的场域。基于这样的理念，本书以大概念为基点，重构跨学科主题学习的设计范式，通过"主题—目标—问题—任务—评价"将大概念深度融入教学全流程，实现教学设计的系统解构，破解"核心素养有效落地"的实践困局。

真正的教育创新，不仅仅是让教师仰望星空，还要为他们构筑通往星空的阶梯。本书整合大问题、大项目、大单元等领域的前沿成果，开发出案例式、项目式、研学式、实践式、单元式等设计范式，提供了可直接应用的模板。本书还以"绿水青山就是金山银山"课程群为例，展示了从课堂活动到校本课程的完整建构路径，形成了可复制的课程研发模式。这种扎根实践的设计智慧，不仅为教师搭建了理论践行的脚手架，而且为学校特色课程建设提供了操作路径。

目 录
CONTENTS

第四部分　跨学科主题学习的课程设计

第一部分　大概念与跨学科主题学习

　　本部分首先深入解析了大概念的本质、提炼方法及其实践应用，为后续内容奠定坚实的理论基础。随后，我们转向跨学科主题学习，不仅明确了其含义与特征，还着重探讨了在大概念框架下，跨学科主题学习如何成为连接不同知识领域、促进深度理解与创新思维的桥梁，强调其在培养学生综合素养方面的独特价值。

一、对大概念的基本理解

（一）什么是大概念?

1. 基本含义

所谓大概念，简单来说就是指在学科中反复出现且具有较大解释力、预测力以及迁移力的概念性知识。在《以概念为本的课程与教学：培养核心素养的绝佳实践》一书中，作者认为大概念通常在学科中反复出现，是多个实例具有的共同属性，有不同程度的抽象，不受时间限制且具有普遍的适用范围。大概念一般包括理论、原理、概括。所谓理论，指的是一个推论或者一组用来解释现象或实践的概念性观点。所谓原理，是对概念性关系的表述，限定词比较少，具有一定的普遍性。所谓概括，指的是表述两个或两个以上的概念之间的关系的句子。[①] 大概念就像一颗颗珍珠，散落在教材的各个角落，概括才能使这些珍珠被重拾起来，散发出新的光芒，既保证了学科的内在逻辑，又强化了课程内容的整合，实现了课程内容的"少而精"。因此，本书中的大概念大多以概括的形式呈现，表述为概念之间关系的句子或短语。

大概念与事实性知识既有联系又有区别。先看一下它们之间的内在联系。举个例子，泰山地区的气温随海拔升高而降低，黄山也是如此。这些都是事实性知识。在大量的事实性知识的基础上，可概括形成概念性知识，即海拔越高，气温越低（对流层）。从这个例子可以看出，概念性知识是事实性知识的集合体。再看一下大概念与事实性知识的区别。青藏高原有"世界屋脊"之称，这属于事实性知识。板块构造学说不仅完美地解释了青藏高原为什么会持续抬升，而且预测了它以后还会抬升。在地区上不局限于青藏高原，板块构造学说还能解释更多的类似现象，如红海地区会持续扩张，显示出强大的预测力。因此，板块构造学说就

---

① 林恩·埃里克森，洛伊斯·兰宁. 以概念为本的课程与教学：培养核心素养的绝佳实践［M］.
鲁效孔，译. 上海：华东师范大学出版社，2018.

是概念性知识，是地理学中的一个学科大概念。

大概念与程序性知识的关注点也不同。读图名、读图例、读比例尺、读方向、概括特征等，这些都是地图学习中的程序性知识，它关注的点是流程，先做什么，再做什么，最后做什么。大概念则不同，它关注的点是怎么做。比如，怎么读方向？在有指向标的地图上，依据指向标判别方向；有经纬网的地图，经线指示南北方向，纬线指示东西方向；无指向标和经纬网的地图，上北下南，左西右东。所以，仅有程序性知识往往会"坐而论道"，叠加概念性知识才能"平步青云"，学生也才能"打通任督二脉"。

大概念有大小之分。比如，气候、地形、河流等概念及其构成的知识属于学科概念，而自然环境的整体性属于学科大概念，要素相互作用属于跨学科大概念，相互作用则属于哲学大概念。由此可知，概念越大越抽象，适用范围也就越大，解释力也越强。

2. 主要特性

大概念在课程与教学应用中主要有以下特性：

（1）统摄性

大概念集中体现学科结构和学科本质，起着提纲挈领的重要作用。如"人地关系"这一大概念统摄了地理学的核心内容和本质，它强调人类活动与地理环境之间的相互作用和相互影响。无论是城市化、人口增长、资源利用还是环境保护等地理问题，都可以从"人地关系"的角度进行理解和分析，所以在学习城市化进程时，教师可以引导学生思考城市化对地理环境的影响，以及地理环境如何制约城市化的发展。

（2）迁移性

迁移是指已获得的知识、技能、情感和态度等对新内容学习的影响。简而言之，迁移即一种学习对另一种学习的影响。大概念之所以让人着迷，是因为它有神奇的功效，即促进学生迁移能力的提升。学生一旦掌握"地理环境影响人类活动"这一大概念，就能将其应用到更多新情境当中，进而解释更多的现象，比如西南地区为什么保留了许多吊脚楼，长江三角洲为什么会成为富庶的地区，等等。

（3）整合性

格兰特·威金斯与杰伊·麦克泰格巧妙地将大概念喻为"车辖"，它如同关键一环，使得车轮等各部分得以有序组装，否则一切不过是一堆散乱无用的零件。[①] 大概念以其独特的力量，将繁复的学科知识重新编织成网。例如，将日本与英国这两个国家巧妙地融入同一课程框架中，围绕"岛国文明的演进深受海洋影响"这一核心大概念展开教学，引导学生深入洞察岛国特有的地理位置如何作用于其外向型经济，以及海洋如何深刻烙印于其文化之中。更进一步，大概念扮演着学科间桥梁和学科与现实世界纽带的角色，成为跨学科内容整合的强大工具。比如，教师可以融合地理学中的"自然环境各要素相互作用"与生物学中的"生物与环境相互依赖、相互影响，形成多种多样的生态系统"这两个大概念，设计出多样化的新课程，从而打开全新的认知视角。

（4）高阶性

以大概念组织的学习内容，学生深入学习的过程也是他们高阶思维形成的过程。以"口袋公园"创意方案设计为例，教学不再局限于单纯的知识传授，而是紧扣"地图是人类认识世界的工具"这一核心大概念，精心组织教学活动。学生走出教室，通过亲身实践来掌握比例尺、方向、图例等地图知识，并创造性地运用这些知识来设计独一无二的口袋公园方案。在设计过程中，学生需要对客观事物进行细致的观察、深入的分析和独立的评判。这些活动不仅锻炼了他们的批判性思维，更重要的是，激发了他们将所学知识进行重新组合和应用的能力，即创造性思维。随后，通过方案的交流展示，学生在互动中进一步碰撞思维，深化了对创造性解决问题的理解，从而实现了高阶思维能力的提升。

（二）如何凝练大概念？

1. 自上而下——从核心素养和课程标准中来

核心素养即学生通过课程学习逐步形成的正确价值观、必备品格和关键能

---

① 格兰特·威金斯，杰伊·麦克泰格. 追求理解的教学设计：第二版［M］. 闫寒冰，宋雪莲，赖平，译. 上海：华东师范大学出版社，2017.

力，与课程标准所明确提出的、面向全体学生的基本学习要求紧密相连。通过深入剖析《义务教育地理课程标准（2022 年版）》中的核心素养与课程目标，我们能够更有效地提炼出学科大概念。比如，从"人地系统是一个综合体，需要从多种地理要素相互联系、时空变化等角度加以认识""学生能够初步理解地理事物和现象是由地理要素在不同时空条件下相互作用形成的"[①] 等表述中，我们可以归纳出以下大概念：自然环境是一个由气候、地貌、水文、土壤、生物等多种自然地理要素共同组成的综合体，这些要素之间存在着相互影响、相互作用、相互联系的复杂关系。

运用相同的分析方法，我们可以概括出跨学科主题学习中经常涉及的几个关键大概念，如"地理环境影响人类活动""人类活动改变地理环境""区域是一个复杂的系统""地图是人类认识世界的工具"等。

2. 自下而上——从具体学习内容中来

第一步，从具体学习内容中提炼小概念。通过以下内容，如海拔越高，气温越低（对流层）；迎风坡降水多，背风坡降水少；河流多发源于山地或高原，由地势高处流向地势低处；地势落差越大，河流流速越快；等等，可提炼出"地形对环境的影响"小概念。借助同样的方法，也可以提炼出"生物对环境的影响""气候对环境的影响""河流对环境的影响""土壤对环境的影响"等小概念。

第二步，进一步凝练"地形对环境的影响""生物对环境的影响""气候对环境的影响""河流对环境的影响""土壤对环境的影响"等小概念，概括出学科大概念——"自然环境各要素之间相互影响、相互作用、相互联系"。

第三步，将学科大概念进一步升华，放到更广阔的空间，就可以凝练出跨学科大概念，如"要素相互作用"等。相互作用不仅仅发生在地理要素之间，自然界的万事万物都存在相互作用的现象。相互作用就是哲学大概念。

以上揭示了大概念提取的基本路径。需要指出的是，在很多情况下，大概念

---

① 中华人民共和国教育部. 义务教育地理课程标准（2022 年版）[S]. 北京：北京师范大学出版社，2022.

的提取路径是共同作用和验证的结果。前述案例也表明了这一观点的合理性。

（三）有哪些大概念?

1. 大概念金字塔

美国《新一代科学教育标准》用一张简洁的图定义了大概念的层级结构。底层是学科基本知识、技能等事实性知识和统摄性较低的分解概念，相对于大概念而言，这些属于小概念范畴；第二层是基于学科内知识整合的概念与方法，即学科大概念；第三层是基于跨学科内容整合的概念或主题，即跨学科大概念（亦称"共通概念"）；顶层是统摄其他知识的"元认知"，即哲学观念。

我们借鉴此方法，将地理课程的大概念也以金字塔形式呈现（见图1-1）。

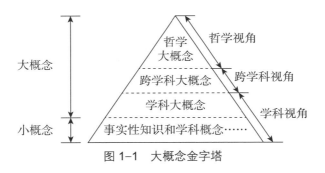

图 1-1　大概念金字塔

其中，底层是地理学科事实性知识和学科概念等；第二层是学科大概念，主要有"自然环境的整体性""地理环境影响人类活动""人类活动改变地理环境""区域是一个复杂的系统""地图是人类认识世界的工具"等；第三层是跨学科大概念，含"要素相互作用""圈层相互联系""人地相互影响""系统""稳定与变化"等；顶层是哲学大概念，如"相互作用"。

（1）哲学大概念

哲学大概念是超越了学科概念并在现实世界中具有更广泛解释力的概念，如"相互作用"。

对"相互作用"的基本理解。世界上万事万物都是普遍联系的，而普遍联系意味着相互作用。广义上的相互作用原理指事物间的普遍联系；狭义的相互作用原理指人类认知的自然现象是如何形成的，说明人与自然、自然与自然的关系。

相互作用包括物理世界的相互作用、心理世界的相互作用、物理世界与心理世界之间的相互作用。

（2）跨学科大概念

跨学科大概念在不同的学科中反复出现，超越了零散的理论和事实，是一种世界观和方法论的体现。如"系统""稳定与变化""要素相互作用""圈层相互联系""人地相互影响"等。

系统。有人认为，"系统"是指由相互影响的事物集合而成的有机整体。人们通过"系统"可以有效地分析内部因素之间以及各因素与整体的相互关系。一个系统既可以包含若干子系统，又可以作为一个较大系统的子系统。[①]

稳定与变化[②]。"稳定"表示在可观察的范围内，系统状态没有发生变化。"变化"指旧的状态被新的状态所取代。"稳定"意味着即使外界对系统有一定的干扰，最终干扰也会逐渐消失。稳定与变化展示了自然界一切事物的演变历程，系统时刻变化着，变化之中又存在相对稳定的状态。系统维持稳定主要有三种模式：静态平衡、动态平衡及循环模式。

要素相互作用。地球表面的自然环境包括气候、地貌、水文、生物、土壤等要素。一方面，自然环境各要素之间相互联系、相互制约、相互作用，构成了地理环境的整体性；另一方面，在不同地区，自然环境各要素存在显著的空间差异，地域分异是极为普遍的自然地理现象。

圈层相互联系。地球在长期演化过程中形成了典型的圈层结构，可以划分出内部圈层和外部圈层。内部圈层包括地壳、地幔和地核，外部圈层包括大气圈、水圈和生物圈。岩石圈包括地壳和上地幔顶部，即软流层之上的固体岩石部分。[③]地球各圈层有各自的活动规律与表现，但亦相互影响。

① 廖婷婷.初中生物教学中跨学科概念的构建——以"系统"为例[J].中学生物学，2019，35（6）：62-63.
② 靳冬雪，刘恩山.跨学科概念"稳定与变化"的内涵与教学建议[J].生物学通报，2023，58（7）：8-11.
③ 张丽琼."地球的圈层结构"教材解读[J].地理教育，2013（S1）：85.

人地相互影响。"人"是指人的生存活动、生产活动与社会活动的总和。"地"是自然条件的全部，相当于自然环境。"影响"是指"人"与"地"二者交界面上的相互作用。[①] 人地相互影响是指人的生存活动、生产活动、社会活动与自然环境之间的相互联系、相互作用。

（3）学科大概念

学科大概念是隐藏在具体学科知识背后，能反映学科本质、具有广泛解释力的原理、思想或观点等。[②] 地理学科大概念主要有"自然环境各要素相互作用""地理环境影响人类活动""人类活动改变地理环境""区域是一个复杂的系统""地图是人类认识世界的工具"等。学科大概念可分解成若干个子概念，子概念也可再分解，这样就形成了学科大概念体系。

2. 学科大概念及其子概念例举

从生物学和地理学科的跨学科主题学习视角出发，我们凝练了 5 个大概念以及大概念统摄下的部分子概念，方便教师快速地应用大概念进行跨学科主题学习设计。需要说明的是，这几个大概念并不代表初中地理学科的全部范畴，它们更多地考虑了与生物学整合的需要，特别是子概念部分更是做了倾向性处理。当然，如果有更多与其他学科整合的需要，我们也可以在此基础上进一步梳理和扩展，形成新的大概念体系。我们对 5 个学科大概念及其子概念进行了编码。其中，A、B、C、D、E 为学科大概念编码，A.1、A.2、B1.1.1 等为子概念编码。

（1）自然环境各要素相互作用

A 自然环境由气候、地貌、水文、土壤、生物等自然地理要素构成。各要素之间相互影响、相互作用、相互联系。

A.1 气候对环境的影响。通常气温低于 0℃时，河流易结冰，月均温低于 0℃的时间越长，河流的结冰期越长。通常降水量越大，河流流量越大；降水集中的

---

① 彭琼瑜. 指向人地协调观培养的初中地理单元教学设计的探索与应用［D］. 广州：广州大学，2023.

② 占小红，刘欣欣，杨笑. 基于学科大概念的单元教学设计模式与类型化研究［J］. 上海教育科研，2022（9）：75-81.

时间越长，河流汛期越长。①

A.2 地形对环境的影响。通常海拔越高，气温越低（对流层）。迎风坡降水多，背风坡降水少。河流多发源于山地或高原，由地势高处流向地势低处。

A.3 河流对环境的影响。河流下游常形成冲积平原。河流流量和落差越大，水能资源越丰富。河流流速大的山区，侵蚀作用强烈；河流流速小的平原地区，沉积作用显著。②

……

（2）地理环境影响人类活动

B 地理环境影响人类活动。地理环境影响人类活动是指自然环境对人的生存活动、生产活动和社会活动的影响。

B.1 地理环境可以为人类活动提供资源，如土地资源、水资源、矿产资源等。

B1.1 地理环境影响农业生产的熟制、方式、品种、分布等。

B.2 地理环境可以制约人类活动，如地形影响交通、聚落的分布。③

B.3 地理环境可能会给人类带来灾害，如地震、滑坡、台风等。④

……

（3）人类活动改变地理环境

C 人类活动改变地理环境。所谓人类活动改变地理环境是指人的生存活动、生产活动、社会活动会对地理环境产生一定的影响。

C.1 人类活动可以改变地理环境，如改变自然环境中的物质运动和能量交换过程、减小或扩大区域差异等。

C.2 有些人类活动会破坏生态环境，如乱砍滥伐、乱捕滥杀、填湖造地等。

---

① 姚云，冯丽芳.基于专题复习的初中生地理综合思维培养——以"自然地理要素间的相互作用"专题复习为例［J］.中学地理教学参考，2019（7·上）：67-69.

② 同上。

③ 邴广路，张素娟，颜晓爱，等.基于核心概念开展高中区域地理教学［J］.中学地理教学参考，2017（10·上）：23-24.

④ 同上。

C.3 有些人类活动会改善生态环境，如封山育林、治理沙漠、管理草原、建立自然保护区等。

C.4 人地协调观指人们对人类活动与地理环境之间的关系秉持的正确价值观。[①]

……

（4）区域是一个复杂的系统

D 区域是一个复杂的系统。"区域"是指地球表面的空间单位。"系统"是指由相互影响的事物集合而成的有机整体。运用系统论的思想可以有效地分析内部因素之间以及各因素与整体之间的相互关系。

D.1 位置与范围影响区域特征。纬度位置影响区域热量分布，通常纬度越高，气温越低。海陆位置影响区域干湿状况，通常离海越近，降水越多，湿度越大。

D.2 区域具有整体性，气候、地貌、水文、土壤、生物等要素相互作用。

D.3 区域具有差异性，每个区域都有其特点。[②]

D.4 区域之间是相互联系的，一个区域的发展变化会影响到周边和相关的地区。[③]

D.5 因地制宜发展生产。因地制宜是在自然环境（自然条件和自然资源）基础上的扬长避短，扬长就是充分利用自然条件和自然资源的优势，避短就是避开自然条件和自然资源的劣势。

D.6 区域可持续发展。既要满足当代人的需要，又不危及后代人满足其需要的发展。

……

（5）地图是人类认识世界的工具

E 各种地图和图表是地理学的基本工具。学生从不同类型的地图和图表中获取所需信息，分析生产、生活中的问题并为问题的解决提供依据。

① 中华人民共和国教育部．义务教育地理课程标准（2022 年版）[S]．北京：北京师范大学出版社，2022.
② 王松梅，李杰，崔超英．"了解区域的含义"内容详析[J]．地理教育，2011（Z2）：24-26.
③ 同上。

比如，利用地图可判读方位。在有指向标的地图上，依据指向标判别方向；有经纬网的地图，经线指示南北方向，纬线指示东西方向；无指向标和经纬网的地图，上北下南，左西右东。

再如，等值线上注有数值，相邻两条等值线的数值间隔是相等的，可以根据等值线的数值大小、排列方向、形状变化、疏密程度等，判断该地理事物变化的急缓、递变的方向及分布特点。

……

二、对跨学科主题学习的基本理解

（一）跨学科主题学习的基本含义和主要特征

1. 基本含义

《义务教育课程方案（2022年版）》中正式提出了"跨学科主题学习"这一概念，这标志着我国义务教育阶段对培养学生综合素质、跨学科思维及实践能力的重视。从课程标准中的具体命名来看，不同课程虽然采用了略有差异的表述，但核心都指向了跨学科的学习与实践。

例如：化学课程的"化学与社会·跨学科实践"强调化学知识在社会生活中的应用，以及与其他学科知识的融合。生物学课程的"生物学与社会·跨学科实践"注重生物学知识与社会实际的结合，以及跨学科的学习方式。物理课程的"跨学科实践"简洁明了地指出物理学习应跨越学科界限，进行实践探索。语文课程的"跨学科学习"强调语文学习不应局限于语言文字本身，而应与其他学科知识相结合。历史和地理课程的"跨学科主题学习"则突出了历史和地理学科在跨学科学习中的重要地位，以及通过跨学科主题来整合知识和提升能力的必要性。

什么是地理课程跨学科主题学习？《义务教育地理课程标准（2022年版）》对此有一个基本的界定：地理课程跨学科主题学习是基于学生的基础、体验和兴趣，围绕某一研究主题，以地理课程内容为主干，运用并整合其他课程的相关知识和方法，开展综合学习的一种方式。① 如何理解生物学课程的"生物学与社会·跨学科实践"？"生物学与社会·跨学科实践"包括模型制作、植物栽培和动物饲养、发酵食品制作三类跨学科实践活动。通过相关主题的学习，学生能够认识生物学与社会的关系，能够理解科学、技术、工程学、数学等学科的相互关系，并尝试运用多学科的知识和方法，通过设计和制作，解决现实问题或生产特定的产品，发展核心素养。②

由此可知，跨学科主题学习是在课程分科设置的条件下，通过主动跨界去观照学生的完整生活，是"跨科目"的主题综合学习，即基于科目 A，整合运用科目 B 的概念、观念和方法，以解决真实情境中的问题，可归纳为"A 跨 B"与"A 跨 B+"两种类型。③

"A 跨 B"：以地理为 A、生物学为 B，以地理学科为主导的跨学科主题学习就可能是基于地理学科 A，整合运用生物学 B 的概念、观念和方法，以解决真实情境中的问题。或者以生物学为 A、地理为 B，以生物学为主导的跨学科主题学习就可能是基于生物学 A，整合运用地理学科 B 的概念、观念和方法，以解决真实情境中的问题。

"A 跨 B+"：基于地理学科 A，整合运用生物学 B 或第三门学科的概念、观念和方法，以解决真实情境中的问题。④

本书所说的跨学科主题学习主要是初中地理和生物学的互跨，以及在此基础上与其他学科的整合。它有助于打破学科壁垒、促进学科融合、提升学生的综合素养。它有助于整合运用不同学科的知识和方法，解决真实情境中的问题或完成特定任务，从而培养学生的跨学科思维和实践能力。

---

① 中华人民共和国教育部．义务教育地理课程标准（2022 年版）［S］.北京：北京师范大学出版社，2022.

② 中华人民共和国教育部．义务教育生物学课程标准（2022 年版）［S］.北京：北京师范大学出版社，2022.

③ 崔允漷，郭洪瑞．跨学科主题学习：课程话语自主建构的一种尝试［J］.教育研究，2023（10）：44–53.

④ 同上。

2. 主要特征

（1）主题性

跨学科主题学习强化了学习内容的中心指向，通过主题凝练学科知识、技能、原理、概念和方法，有助于对学科内容产生概念性理解，促进知识迁移与应用，拓宽学生看待问题的角度，激发其创造性思维。这也确保了跨学科学习不是泛化的、无目标和边界的无形存在，而是主题性的跨学科学习。

（2）实践性

跨学科主题学习"源于生活需求，解决现实问题"，因此具有实践性特征。学生在跨学科情境的驱动下，通过团队协作，系统地整合多学科概念。他们运用跨学科知识与技能去发掘、理解问题，并采取实际行动去解决问题，通过解决现实中的问题来提升认知基础、体验和兴趣以及实践能力。[①]

（3）综合性

跨学科主题学习的基础是学科教学，但同时需跨越学科界限，融合并应用其他课程的相关知识及方法推进学习。这也决定了跨学科主题学习的综合性特征。跨学科主题学习不仅包括学科间的综合，同时也是一种活动的、合作的、反思的综合。[②]

（二）价值意义：知识迁移、跨学科分析能力与为创造力而学

从课程视角来看，跨学科教学实践要解决四个基本问题：为什么教？教什么？怎么教？教得怎么样？其中，"教什么"比"怎么教"更重要，而"为什么教"又比"教什么"更重要。那么，我们为什么要开展跨学科主题学习呢？

1. 促进知识迁移

"迁移"一词在不同领域有不同的含义。在学习和教育领域，它主要指的是一种学习经验对另一种学习活动产生的影响。简而言之，迁移是学生将在一个情境

---

① 薛红霞.跨学科主题学习的内涵、设计与实施［J］.北京教育学院学报，2024，38（2）：14-19.
② 郭华.落实学生发展核心素养　突显学生主体地位——2022年版义务教育课程标准解读［J］.四川师范大学学报（社会科学版），2022，49（4）：107-115.

中获得的知识和技能应用到新情境中的能力。下面，我们聚焦于对杭州龙井茶的学习过程，看看这一案例是如何促进知识迁移的。

学习之旅始于对杭州市自然环境特征的探究。首先，学生在"杭州市的自然环境特征有哪些"这一问题的引导下，了解杭州地处亚热带季风气候区，四季分明，温和湿润，雨量充沛；山地丘陵地形，土壤富含有机质，排水良好；云雾缭绕，光照适中等。该地气候、河流、土壤、生物等要素相互作用，共同构成了杭州市独特的自然环境，可归纳出"自然环境各要素相互作用"这一大概念。

接下来，学生进一步探讨杭州市的自然环境是如何影响龙井茶树生长的。通过分析气候、地形、光照等要素对龙井茶树生长的具体作用，如气候（亚热带季风气候，四季分明，温和湿润，雨量充沛）——为龙井茶树提供了适宜的生长温度和水分；地形（山地丘陵地形，土壤富含有机质，排水良好）——为龙井茶树提供了良好的土壤环境；光照（云雾缭绕，光照适中）——减弱了强光对茶树叶的直射，避免了茶树叶中叶绿素的降解。这一步骤不仅帮助学生认识到自然环境要素对龙井茶树生长的具体作用，还引导他们归纳出"地理环境影响农业生产的熟制、方式、品种、分布等"这一大概念。

然后，学生结合材料得出结论：龙井茶树喜温暖湿润气候，适宜生长在海拔较高的山地，土层深厚、排水良好的酸性土壤中。这一环节不仅巩固了学生对龙井茶树生长环境的认识，更重要的是，它引导学生认识到生物是如何适应特定环境的，从而进一步加深了他们对生物与环境关系的理解。

回顾第一阶段的学习过程，我们不难发现，整个学习过程不仅解释了"为什么杭州市适宜种植龙井茶树"这一现象，而且通过一系列精心设计的问题和活动，引导学生主动参与、积极思考，将具体的感性认知抽象成概念，建构了大概念知识。这些大概念包括"自然环境各要素相互作用""地理环境对农作物生长的影响""生物与环境的关系"等。

进入第二阶段的学习后，学生迎来了一项全新且具有挑战性的任务：为龙井茶代言。这一任务不仅仅是一个简单的实践活动，它要求学生将所学知识应用到实际情境中，通过一系列创意活动来全面展示龙井茶的独特魅力和显著优势。

具体来说，学生需要结合所学的关于杭州市的自然环境特征、龙井茶树的生长条件以及生物与环境之间相互作用的知识，来设计和制作宣传册、演讲稿等宣传材料。在这个过程中，他们不仅要考虑如何准确地描述龙井茶的特色，还要思考如何使这些宣传材料更加吸引人，从而激发潜在消费者的兴趣。这项任务不仅是对学生创造力和表达能力的一次全面锻炼，更是对他们知识迁移和整合能力的一次严峻考验。

综上，关于杭州龙井茶的学习过程是一个促进知识迁移的范例。学生不仅加深了对所学知识的理解，还学会了如何将这些知识灵活地运用到实际生活中，从而实现了知识的真正迁移和价值最大化。

2. 提升跨学科分析能力

《上海市初中地理、生命科学跨学科案例分析终结性评价指南》指出，跨学科案例分析能力主要包含三个方面，即信息提取与处理、问题分析与质疑、结论阐释与创新。这三方面的能力呈递进关系，即能从图文中捕获要点并建立学科之间的关联，对相关问题进行基于证据的科学探索，解释结论或解决问题或创造新知识。

先来看一个案例。这个案例的灵感来源是："橘生淮南则为橘，生于淮北则为枳，叶徒相似，其实味不同。所以然者何？水土异也。"这句话不仅蕴含了丰富的地理与生物学知识，还引发了对橘与枳、南与北之间关系的深入思考。为了深入探讨这个问题，上海市黄浦区教育学院附属中山学校陶燕老师设计了三个子问题，引导学生逐步深入探究。

首先，教师引导学生探究"淮"的地理含义与地理位置，以及秦岭—淮河南北两侧地理环境的差异。学生在中国水系图上仔细寻找淮河，描绘其流向，并通过阅读气温图、降水量图、地形图以及农业区分布图，深入理解了秦岭—淮河南北两侧地理环境的显著差异。这一过程不仅锻炼了学生的信息提取与处理能力，还为后续的分析打下了坚实的基础。

其次，教师结合相关图文资料，让学生辨别橘与枳的区别，并引导他们运用史实论证"橘逾淮为枳"的说法是否成立。通过这一阶段的探究，学生不仅加深了对橘与枳的认识，还学会了如何运用证据进行问题分析与质疑，从而促进了跨学科分析能力的形成。

最后，教师引导学生探究橘的主要产地，并要求他们用红笔在中国行政区划图上填涂橘类的主产区。此外，教师还引导学生分析橘类主产区在秦岭—淮河以南的原因，这一过程不仅锻炼了学生的结论阐释能力，还激发了他们的创新思维。

在整个案例的学习过程中，学生们经历了信息提取与处理、问题分析与质疑、证据收集与推断、结论论证与反思以及创新性阐释等多个环节。这些环节正是跨学科案例分析能力培养的关键所在。通过这个案例的学习，学生不仅学到了丰富的地理与生物学知识，还学会了如何运用这些知识去分析问题、解决问题。

再来看一个关于极地地区的跨学科主题学习案例，具体内容见本书第三部分"跨学科主题学习的案例设计"。该案例主要有三个环节：

环节一，信息提取与处理。学生通过阅读地图和相关材料，明确了南极和北极地区的地理位置及其独特的自然环境特征。他们了解到，南极地区大部分是被海洋包围的冰雪大陆，而北极地区则是一片被大陆包围的冰雪海洋。学生还推导出了南极地区的自然环境特征——酷寒、干燥、烈风，并理解了这些特征的内在成因。同时，他们也探讨了极地地区的科考价值，以及如果有机会去南极科考，应该准备哪些装备。这一系列活动锻炼了学生的信息提取与处理能力。

环节二，问题分析与质疑。教师引导学生深入思考全球变暖对极地生态的影响。学生通过分析全球气温变化折线图，概括了近一百多年来的全球气温变化趋势。然后，他们以南极企鹅为例，探讨了全球变暖对其生存的影响。学生写出了包含南极企鹅在内的食物链，并分析了全球变暖与南极冰川、企鹅之间的关系。他们进一步推断，全球变暖可能导致冰川融化、企鹅栖息地减少以及食物链破坏等严重后果。这一系列活动锻炼了学生的问题分析与质疑能力。

环节三，结论阐释与创新。最后，教师扩展了讨论范围，引导学生思考全球变暖是否可能对北极熊等其他极地生物产生深远影响。学生通过阅读材料和小组讨论，理解了北极地区成为全球变暖最显著地区的原因，以及北极熊为什么能适应北极地区的寒冷环境，但在全球变暖的背景下却面临生存危机。他们运用结构与功能观解释了北极熊的适应机制，并探讨了全球变暖对北极熊食物链的潜在威胁。这一系列活动锻炼了学生的结论阐释与创新能力。

在这个案例中，学生不仅学到了丰富的地理、生物学和环境科学知识，还学会了如何运用大概念及其子概念解决问题。他们经历了信息提取与处理、问题分析与质疑、结论阐释与创新等环节，提升了跨学科案例分析能力。同时，这个案例也激发了学生对环境保护和可持续发展的深刻思考，为他们未来的学习与生活奠定了坚实的基础。

3. 为创造力而学

凯文·拉兰德曾提出一个有趣的问题：猩猩会用树枝"钓"白蚁吃，水獭会用石块敲开贝壳，蜜蜂会跳"八字舞"传递信息，但它们为什么制造不出火箭和空间站，也不能把自己送上月球？

人类为什么能够做到？尽管人的眼睛比不上雄鹰的长视，耳朵远不及蝙蝠的灵敏，手不如虎豹的尖利，双腿也跑不过麋鹿，但人类却以独有的姿态成就了如今的文明世界。这是因为人类拥有神奇的创造力。

因此，我们推进跨学科主题学习的一项核心使命，便是激发学生的创造力。相较于传统的单一学科学习，跨学科主题学习在培育创造力方面无疑更具优势，因为创新往往萌芽于学科交叉地带。正如板块构造学说所揭示的，板块的稳固存在于其内部，而活力与变革则涌动在板块的边缘，那里通过碰撞与挤压，塑造出了地球上纷繁复杂的海陆景象。同理，跨学科主题学习通过挖掘并利用两个或多个学科的交汇点，为解决现实世界的复杂问题开辟了新的路径，为创新与创造提供了源源不断的灵感与动力。

学界普遍认为，跨学科主题学习植根于问题逻辑，这些问题多为源自现实世界的劣构问题。在此过程中，学生需将已掌握的知识、技能、方法等应用于实践，历经问题的深度剖析、假设构建、判断验证及成果分享等阶段，以期创造出富有新意且有意义的成果，于潜移默化中提升创新能力。那么，跨学科主题学习为何能有效助力解决这些复杂且劣构的跨学科问题呢？

以"全球变暖对企鹅生存的影响"这一复杂的跨学科问题为例，其解答路径如下：

首先，明确问题核心：全球变暖是否对企鹅的生存构成影响？全球变暖涉及气候变化，而企鹅生存则关乎其栖息地与食物两大方面。若这两方面无忧，则影响甚微；反之，则生存堪忧。基于此，我们分类讨论，将问题细分为两部分：全球变暖对企鹅栖息地的影响；全球变暖对企鹅食物的影响。

其次，以地理学科视角思考问题。① 明确具体问题。全球变暖会对企鹅的栖息地产生影响吗？ ② 提取大概念及其子概念。自然环境各要素（气候、地貌、水文、土壤、生物等）相互作用。③ 由已知推论未知。气候（全球变暖）、地貌（冰川融化）、水文、土壤、生物（企鹅的生存空间减少）等相互作用。④ 解答问题，表述结果。会，因为全球变暖，冰川融化，企鹅的生存空间可能减少。

再次，以生物学视角思考问题。① 明确具体问题。全球变暖会对企鹅的食物产生影响吗？ ② 提取大概念及其子概念。生物体之间、生物与环境之间相互依赖、相互影响。非生物环境，如阳光、空气、温度、水和土壤等，影响生物生长、繁殖与分布。食物链。③ 由已知推论未知。生物体之间、生物与环境之间相互依赖。非生物环境，如阳光、空气、温度（全球变暖）、水（海水升温）和土壤等，影响生物生长（磷虾可能会死亡）、繁殖与分布。食物链（如果磷虾死亡，企鹅食物会出现短缺）。④ 解答问题，表述结果。会，因为全球变暖，海水升温，磷虾可能会死亡，从而导致企鹅食物短缺。

最后，综合地理和生物学两门学科的知识，写出问题分析与质疑的结果：全球变暖会影响企鹅的生存。因为全球变暖，冰川融化，企鹅的生存空间减少。海水升温，磷虾可能会死亡，企鹅会面临食物短缺的困境。

此例充分展示了跨学科主题学习在解决劣构、复杂问题上的优势。它打破了学科壁垒，促使学生从多学科角度全面审视问题，通过多学科知识与方法的综合运用，形成富有创意且有意义的新解读，从而在问题解决过程中不断提升创造能力。

说到"创造"，人们往往会想到莫扎特、爱因斯坦等在人类历史上留下伟大作品、在某个领域开辟了新天地的名人们。他们所展示的才能，正是长久以来被推崇的"创造力"，即"大 C 创造力（Big C Creativity）"。而贯穿在每一个普通人的日常生活中解决日常问题以及适应变化的能力，即"小 C 创造力（Small C Creativity）"却往往被忽视。[①] 尽管有时这种创造力很微弱，但谁又能知道，这些极其微弱的"小 C 创造力"未来会不会发展为"大 C 创造力"呢？"小 C 创造力"是推动社会、经济发展的关键因素，也是每个人都可以培育的才能。

关于跨学科主题学习，很多学校开展了实践，涌现出众多创新案例。比如，某学校利用其周边丰富的资源，定期组织学生到附近的航空航天博物馆实地学习，让学生近距离接触并深入了解飞行器的类型、飞行原理及航空航天技术，为学生的知识体系建构提供了有力的支撑。在此基础上，该校还自主研发了"星际探索"这一跨学科实践项目。在该项目中，学生不仅掌握了航天领域的基础知识，还积极参与设计未来星际探索计划。这样的实践过程不仅极大地提升了学生跨学科解决问题的能力，还点燃了他们勤学好问、敢于探索的科学热情。再如，"创意地图"以设计有创意的地图为课程主线，以创设美好宜居生活为导向，融合项目化学习理念，学生在亲历提出问题、获取信息、寻找资料、设计方案、解决问题的过程中，综合运用跨学科知识和技能，发扬团队合作精神，提升解决实际问题的能力。

这里没有"急功近利"，更没有"死记硬背"。这里有的是项目，即跨学科主题学习的项目。学生围绕项目规划、设计与实践需要进行自主探索、分析与决策、系统推理。不同学生对待同一问题会形成多种解决方案。在多角度思考、综合考量、逆向或发散性思考的过程中，学生的批判性思维会得到充分锻炼。

最后，回顾人类发展史，狩猎时代拼野性，采集时代拼运气，农业时代拼体力，工业时代拼智力，而如今拼的是创造力。因此，跨学科主题学习提倡：教师为创造力而教，学生为创造力而学。

---

① 艾德·卡特姆，埃米·华莱士.创新公司：皮克斯的启示［M］.靳婷婷，译.北京：中信出版社，2015.

第二部分　跨学科主题学习的要素设计

本部分深入解析跨学科主题学习的要素设计，探讨如何通过大概念的分解、外显、转化、建构与应用、理解与迁移，来构建富有成效的跨学科学习体验。我们认为，通过将大概念融入跨学科主题学习的各个环节，可以有效提升设计效率及其整体品质。

一、跨学科主题学习的主题设计：分解大概念

跨学科主题学习的要点之一是精心设计一个具有整合性、开放性、挑战性和持久性的主题。一个好的主题不仅能够激发学生的兴趣和动机，还能够为不同学科的介入提供空间，使学生在探索过程中形成对大概念的深入理解。本部分将探讨什么是好的主题，以及如何设计具有吸引力的学习主题。

（一）什么是好的主题？

什么是主题？简单来说，主题即某一中心内容，常常以词组、短句或问题等形式呈现，比如"绿水青山""新疆是个好地方""秦岭—淮河，凭什么定义南北"等。一个好的主题不仅能够引领学生深入学习，还能够激发他们的创新思维，促进学科间的交叉融合。那么，究竟什么样的主题才能称得上"好"呢？

1. 主题处于课程的主干且有大概念做支撑

一个好的主题应当成为课程内容的支柱，与大概念紧密相连。这样的设计能为学生提供深入探究和应用大概念的契机，助力他们搭建知识间的桥梁，形成全面且系统的知识体系。具体而言：

好的主题是课程体系的骨架，也是连接各个知识点和技能的纽带。以地理学中的"河流文明"为例，这是一个占据课程核心地位的主题。它涵盖了河流对地形地貌的塑造、水资源的开发利用、河流沿岸的聚落形成与发展、河流与人类活动之间的相互作用等内容。通过这一主题的学习，学生可以深入理解河流文明的形成过程，认识河流对人类文明发展的重要影响，以及人类活动如何反过来影响河流生态系统的健康与稳定。

好的主题不仅能够体现课程的精髓，而且能够引导学生深入理解学科大概念。比如，"拯救北极熊"就是一个引人入胜的主题。通过探讨北极熊的生存状况，学生不仅能够了解生物多样性的重要性以及人类活动对生物多样性的影响，还能深入理解气候变化对极地生态系统的深远影响，以及食物链和生态系统的相互依存关系。这样的主题紧密围绕大概念展开，能够确保学生在学习过程中

23

不断加深对大概念的理解。当我们寻找其他适合跨学科学习的主题时，"青藏高原"作为初中地理课程中的重要内容，自然而然地进入了我们的视野。那么，"青藏高原"是否适合作为跨学科学习的主题呢？接下来，我们具体分析：

在青藏高原的自然地理环境特征中，"高寒气候"特别引人注目。青藏高原被誉为"世界屋脊"，平均海拔超过 4000 米，这足以说明其"高"。关于"寒"，通过最热月 7 月不同地区平均气温的对比，可以清晰地看到在相同纬度下，青藏高原的平均气温远低于其他地区。这一现象背后的物理学原理——海拔每升高 100 米，气温下降约 0.6℃——成了地理学归纳同纬度下海拔与气温负相关的重要依据，也深刻揭示了地形对气候的影响。更进一步，可以探讨青藏高原上的人类活动，如农牧业等，这些与学生日常生活紧密相关的内容易于引发共鸣。然而，为何青藏高原不种植水稻？青藏高原上的牦牛和绵羊为何拥有如此厚实的皮毛？这些问题不仅引导学生思考地理环境对人类活动的影响，也促使他们探究生物与环境之间的微妙关系。

由此可见，"青藏高原"无疑是跨学科学习的理想主题。它不仅是地理课程的核心组成部分，还与生物学等多个学科紧密相连。通过跨学科学习，学生不仅能从地理角度全面认识世界上最高的高原，还能灵活运用"自然环境的整体性""地理环境对人类活动的影响""环境与生物"等大概念来分析和解决实际问题。

2. 主题具有适度的开放性，为不同学科的介入提供空间

好的主题应具有适度的开放性，能够容纳不同学科的知识和方法。在"城市化"这一主题的学习过程中，学生可以从空间视角探讨城市空间布局、城市规划、城市扩张对自然环境的影响等；从社会学视角分析城市化进程中的人口迁移、城乡关系等；从产业视角考察城市化对经济增长、产业结构调整的影响等；从环境角度关注城市化带来的环境污染、生态破坏问题以及可持续发展策略的实施。这些不同视角有利于学科交融。

好的主题应当鼓励并支持学生从多学科角度出发进行探索，为各学科知识的交叉融合提供一个广阔的舞台。这样的主题设计不仅有助于激发学生的创新思维，还能促使他们从不同侧面深入剖析问题，最终形成全面而深刻的见解。

以"新疆是个好地方"这一主题为例，新疆的瓜果作为地域特色，自然成为学习的焦点。在探讨为何新疆瓜果格外香甜时，地理学首先为我们提供了线索：昼夜温差大是关键。然而，若仅从地理学的角度解释，学生可能难以全面理解温差与瓜果甜度之间的内在联系。此时，生物学的介入便如虎添翼。通过生物学的视角，学生得以深入了解新疆夏季日照充足、昼夜温差大有助于促进植物的光合作用、抑制呼吸作用，从而影响瓜果中糖分的积累。这一过程不仅加深了学生对自然科学原理的理解，也充分展现了跨学科学习的魅力。

同样地，当我们转向"海洋权益"这一主题时，历史学科的参与也显得尤为重要。为了让学生真正把握海洋权益的核心意义，我们需要回顾世界历史中的关键节点。在大航海时代与地理大发现的浪潮中，明清时期的严厉海禁政策导致了国家的封闭与落后。这一历史教训深刻揭示了正确认识海洋、树立现代海洋观对于维护国家海洋权益的重要性。因此，在探讨"海洋权益"这一主题时，地理教师应主动打破学科壁垒，与历史教师携手合作，共同构建跨学科的学习任务。这样，学生在了解地理知识的同时，也能深刻理解海洋权益背后的历史逻辑与战略意义，从而形成更加全面和深刻的见解。

3. 主题可以设计成明确的学习问题或任务

好的主题应能转化为明确、具体的学习问题或任务，为学生指明学习方向。因为问题或任务具备引领性，能有效促使学生深度思考与主动探索。在逐步解决这些问题或完成任务的过程中，学生会不断深化对主题内容的理解，并发展出个人独特的见解与认知。

我们以云南西双版纳亚洲象北行事件为例来说明这一点。

事件回顾：2021 年，一群野生亚洲象从云南西双版纳国家级自然保护区出发，开启了北上的长途"旅行"。这群亚洲象长途跋涉 110 多天，迂回行进大约 1300 千米，最终在人类的引导和帮助下顺利回家。沿途村民都在自觉保护着这群特殊的客人，即便庄稼被踩踏，玉米、荔枝、芒果等被象群取食，也没有赶走它们。

该事件本身具有极高的新闻价值和热点效应，经过媒体的持续跟踪报道，几乎家喻户晓。如何将这一事件转化为跨学科主题学习的驱动力呢？基于沪教版初中地理教材中对云南西双版纳傣族自治州以及亚洲象的介绍，我们可以形成跨学科主题学习的核心问题：大象为什么要"离家出走"？这一问题形象生动，引发了学生的强烈好奇心和探究欲望。

生活中不乏新闻和热点事件，但并非所有事件都能成为跨学科学习的主题，关键在于是否能够设计出明确的学习问题或任务。我们将亚洲象北行这一事件转化为具有真实性和吸引力的学习问题，才使得它成为一个引人入胜的跨学科主题。

以下是我们结合其他新闻或热点事件设计的一些学习问题和学习任务示例。

学习问题设计：

为什么说湿地是"地球之肾"，湿地退化对生态环境有何影响？

在城市化进程中，如何平衡历史文化遗产保护与城市发展之间的关系？

沙漠化是如何形成的，它对当地及全球环境产生了哪些影响？

随着人口增长，如何合理规划城市绿地以改善城市微气候？

全球变暖背景下，南极企鹅正面临着什么危机？

学习任务设计：

针对家乡的一条受污染的河流，设计一套综合治理方案，包括污染源分析、治理措施以及预期效果。

收集并分析近年来的本地降雨量数据，探讨其对农业生产的影响，并提出可行性建议。

考察城市中的一处历史街区，记录其建筑特色、文化价值以及当前的保护状况，撰写一份保护建议书。

选择一种濒危物种，研究其生存环境、面临的主要威胁以及现有的保护措施，制作一份宣传海报以提高公众的保护意识。

设计一个家庭垃圾分类与回收的调查实验，记录对不同垃圾的处理方式及其对环境的影响，撰写实验报告并提出改进建议。

利用假期探访一处自然保护区或国家公园，记录所见到的自然景观、野生动植物种类，并分析其生态保护意义。

4. 主题应能激发学生持久的动机和有意义的学习

跨学科主题学习的核心在于推动学生的全面发展，因此，一个好的主题必须能够激发学生持久的学习动机，并促进他们进行有意义的学习。这要求主题与学生的现实生活紧密相连，能够触动他们的兴趣点，引发他们深入思考。

以"探索宇宙奥秘"为例，这一主题自带神秘感，能够激发学生的好奇心与探索欲。通过学习，学生不仅能了解宇宙的起源、演化历程以及人类探索宇宙的辉煌历史与现状，还能在这一过程中培养科学精神。他们通过观察、实验、模拟等实践活动，深入探究宇宙中的各种现象，从而锻炼观察力与实验能力。同时，学生还能在学习中感受人类面对未知世界时的敬畏心，以及在探索宇宙过程中所展现出的智慧与勇气。

再以"全球变暖"为例，这一现象与学生生活息息相关。从 19 世纪中叶开始，伴随着工业化的发展，全球变暖的趋势就持续不断。近年来，极端气候事件频发，如 2022 年英国最高气温突破 40℃，欧洲连日炎热、干旱引发山火，等等，都让学生深刻感受到全球变暖的严峻形势。通过学习，学生可以了解温室气体、温室效应等基本概念，以及全球变暖与人类活动的关系。对这些问题的探索不仅能激发学生的求知欲，还能让他们在实践中进行更多有意义的学习，从而培养环保意识与责任感。

主题还应具有一定的挑战性与深度，以使学生在解决问题的过程中获得成长与进步。以"行走滨江"这一主题为例。"一江"指黄浦江，"一河"指苏州河。上海因水而生、因水而兴，黄浦江和苏州河见证着这座城市的发展。上海城市文明从大江大河文明中走来，黄浦江与苏州河是上海城市文明的见证者。江河两岸不仅孕育了生命，还孕育了一个奇迹般的滨海城市。

"十四五"期间，上海打造区域亮点，新建滨水绿地及公共空间和绿道。绿道是一种带状绿色开敞空间，作为连接自然与都市的纽带持续发挥着生态效益。绿道该如何建设？这非常考验城市建设者的智慧，也是超大城市建设的新任务。

我们可以以"行走滨江"为主题开展跨学科学习，让学生设计问卷、撰写考察方案和建议书等。学生在真实情境中了解"一江一河"的绿道建设情况，理解绿道的建设要求，了解滨江的空间格局。通过考察活动，学生切身感受到上海的变化，形成为建设美好城市贡献力量的强烈愿望。

这些实实在在的活动，因其和学生的日常生活紧密关联，更能激发学生对这座城市的热爱之情，从而使他们拥有较为持久的学习动机并进行有意义的学习。

（二）如何设计学习主题？

1. 设计流程

每一个跨学科学习主题与大概念都是密不可分的。大概念往往隐藏在主题背后，反映学习内容的本质，涵盖居于学习内容中心地位的思想、观点、概括等。通过深入分析学科领域、确定大概念、分解大概念与建构知识体系，并结合现实生活情境和跨学科整合的需求，教师可以设计出具体、可行的跨学科主题。

步骤 1：明确大概念

应考虑学生的认知水平、课程内容以及课程标准要求，确保大概念的核心地位。深入分析学科领域，明确并选定具有普遍性、迁移性的大概念。

步骤 2：分解大概念，建构知识体系

在明确了大概念之后，下一步是分解大概念。在建构知识体系的过程中，教师应注重层次性，从学科（不超过 3 个学科）具体概念到学科大概念，再到跨学科大概念，形成金字塔形的知识结构，以便学生更好地理解和掌握。

步骤 3：结合现实生活情境，形成跨学科主题

教师需要将知识体系与现实生活情境相结合，形成具有现实意义和探究价值的跨学科主题，同时对跨学科主题做简要描述。

2. 案例举隅

·························· **认识湿地** ··························

（1）明确大概念

我们确立了一个核心大概念：湿地作为地球上独特的生态系统，在维持生物多样性和生态平衡方面发挥着关键作用。这一大概念如同指南针，贯穿了整个学习旅程，引领学生一步步深入探索湿地的奥秘。

（2）分解大概念，建构知识体系

为了让学生更好地理解和掌握这个大概念，我们将其分解为学科具体概念、学科大概念和跨学科大概念。

学科具体概念：

地理：湿地的含义、类型、分布；湿地的形成条件与过程。

生物学：湿地生态系统中的生物群落、食物链与食物网；湿地对生物多样性的影响。

学科大概念：

湿地是维持生物多样性和生态平衡的重要基石。

湿地对人类经济活动的影响，以及人类活动对湿地的影响。

跨学科大概念：

保护湿地与实现人类社会可持续发展的关系。

（3）结合现实生活情境，形成跨学科主题

我们将理论知识与现实生活紧密结合，创造出一个既有现实意义又富含探究价值的跨学科主题。以崇明西沙国家湿地公园为例，它不仅蕴藏着丰富的生态宝藏，还深植悠久的历史文化根基。其独特的景观风貌和生态价值为跨学科研究提供了无尽的灵感与素材。

基于此，我们提出了跨学科主题：认识湿地。

跨学科主题描述：

学生将深入了解湿地的定义、分类以及形成条件，亲身体验其独特的自然魅力。他们将进一步剖析湿地生态系统中的生物群落结构、食物链与食物网的复杂关系，探讨湿地如何成为生物多样性的摇篮，并揭示其在水质净化、气候调节等关键生态服务中的不可替代的作用。

结合现实世界中的生动案例，该主题也将引导学生深入讨论人类活动对湿地生态系统的影响，以及湿地保护与经济发展之间微妙而复杂的平衡关系。通过组织小组讨论、角色扮演等互动活动，教师鼓励学生积极提出具有创新性的湿地保护策略，思考在享受湿地带来的生态福祉的同时，如何推动人类社会的可持续发展，实现人与自然和谐共生。

························· 二十四节气 ·························

（1）明确大概念

我们确立了本主题的大概念：二十四节气准确反映了地球绕太阳运行的自然节律，包括季节转换、气候变化等。二十四节气是中国古代农耕文明的产物，蕴含了丰富的农耕知识和智慧，对农业生产具有重要指导意义。作为中国传统文化的重要组成部分，二十四节气承载着深厚的文化内涵和历史积淀，对增强民族认同感和自豪感具有重要作用。

（2）分解大概念，建构知识体系

为了让学生更深入地理解和掌握上述大概念，我们将其分解为一系列具体的知识概念，如自然科学概念、社会科学概念和跨学科大概念。

自然科学概念：

地球绕太阳运行的周期与节气的划分。

二十四节气对农业生产的影响。

社会科学概念：

农耕文明的发展历程与二十四节气的关系。

二十四节气在农耕生产中的应用与实践。

二十四节气与中国传统文化的融合与传承。

跨学科大概念：

自然节律与人类社会活动的相互作用。

农耕智慧与现代可持续发展的联系。

（3）结合现实生活情境，形成跨学科主题

我们将这些知识概念与现实生活情境紧密结合，如观察并记录当地二十四节气期间的气候变化、农作物生长情况以及传统习俗的庆祝方式；参与或组织与二十四节气相关的文化活动，如春分踏青、清明扫墓、冬至吃饺子等，体验传统文化的魅力；二十四节气在农业生产、健康生活、文化旅游等方面的创新应用。

基于此,形成了具有现实意义和探究价值的跨学科主题:二十四节气。

跨学科主题描述:

本学习主题通过跨学科的方式,引导学生深入探索与二十四节气相关的自然节律、农耕智慧与文化传承。学生将通过学习二十四节气的定义、起源与发展,了解各节气的具体时间、含义及习俗,进而掌握地理学、农学、历史学和文化学等的相关知识。同时,通过实践活动和文化体验,学生将亲身体验二十四节气与现实生活的紧密联系,感受传统文化的魅力。最终,学生将能够整合所学知识,从跨学科的角度理解二十四节气的科学价值、文化意义和社会应用,培养跨学科思维和创新能力。

·· **秦岭四宝** ························

(1)明确大概念

我们确立了本主题的大概念:生物多样性不仅指生物种类的丰富程度,还包括遗传多样性和生态系统多样性。生态环境则为生物提供栖息地和生存条件,对生物多样性的维持和发展起着至关重要的作用。两者相互影响,共同构成了地球上独特的生命体系。

(2)分解大概念,建构知识体系

为了让学生更深入地理解和掌握上述大概念,我们将其分解为一系列具体的知识概念。

学科概念:

生物学:生物多样性、生物适应性、生态系统功能。

地理:地理环境对生物多样性的影响,如地形、气候、土壤等因素影响生物多样性的分布和丰富度。人类活动对生物多样性的影响,如污染、过度开发等活动破坏生态环境,降低生物多样性。

跨学科大概念:

生物多样性影响生态环境的稳定性和功能,生态环境为生物多样性提供支撑和条件。

生物多样性保护与人类经济社会发展之间的关系。

（3）结合现实生活情境，形成跨学科主题

我们将这些知识概念与现实生活情境紧密结合，以秦岭为例展示了其独特的地理环境如何为珍稀物种的繁衍提供得天独厚的条件，从而孕育出了大熊猫、金丝猴、羚牛、朱鹮等被誉为"秦岭四宝"的珍稀动物。

基于此，形成了具有现实意义和探究价值的跨学科主题：秦岭四宝。

跨学科主题描述：

本主题将知识概念与现实生活情境紧密结合，通过虚拟考察、案例分析等多种方式，带领学生深入探索秦岭这一独特地理区域的生物多样性与生态环境的关系。学生首先通过虚拟考察了解秦岭的地理位置、地形地貌、气候特征，以及这些因素如何共同作用于当地的生物多样性。在此基础上，学生进一步学习大熊猫、金丝猴、羚牛、朱鹮等"秦岭四宝"的生态习性、适应性，以及它们与秦岭生态环境的紧密联系，从而深入探讨物种适应性与生态环境变化之间的相互作用。最后，通过分析人类活动对秦岭生物多样性的影响，学生将思考并探讨保护生物多样性的有效策略与措施。

二、跨学科主题学习的目标设计：外显大概念

学习目标是教学活动的灵魂，它引领整个教学过程的方向，也是评价学生学习成效的重要依据。一个清晰、具体、可衡量的学习目标，能够帮助学生明确学习方向，激发学习动力，同时也为教师的教学设计和评价提供明确的指导。本部分将探讨什么是好的学习目标以及如何设计学习目标。

（一）什么是好的学习目标？

目标是预期的学习成果，设计恰当的学习目标是有效教学的关键所在。之所以这么说，是因为跨学科主题学习的目标不仅是教学的起点，指引着教学的方向，还是教学评价的重要依据。那么，究竟什么是好的学习目标呢？

1. 学习目标要以课程标准中的目标要求、内容要求与学业要求为依据，与学生实际水平相结合

《义务教育地理课程标准（2022年版）》为我们建构了一个以素养为导向的目标体系，这一体系不仅涵盖了课程目标、内容要求与学业要求，还体现了课程的总体育人价值，全面阐述了课程核心素养。这一系列要求指导我们在实施跨学科主题学习活动时，必须基于课程标准进行教学设计，即依据课程标准来明确学习目标的层次、选定学习内容以及评价学习结果。

2. 学习目标要以素养为导向，突出大概念理解、跨学科能力培养以及责任担当意识的形成

地理学科的基本特点是综合性和区域性。地理学科的四大核心素养是：人地协调观、综合思维、区域认知、地理实践力。这是地理课程育人价值的集中体现，是学生通过课程学习逐步形成的正确价值观、必备品格和关键能力。因此，跨学科主题学习的目标应明确指向素养提升，特别是大概念理解、跨学科能力培养以及责任担当意识的形成。

大概念是学科领域的核心思想或原理，它超越了具体的事实和技能，有助于学生形成对学科的整体认识。在设计学习目标时，应突出大概念理解，引导学生深入探究学科本质。比如，在"蜻蜓"一课的跨学科主题学习中，突出大概念理解的学习目标表述如下：通过对云南省地理位置和自然特征的分析，认识其区域特征，理解纬度位置对气温的影响；能够对具体问题进行分析、探讨、交流，理解自然环境的整体性；通过对蜻蜓多样性减少的了解与探讨，建立人地协调观和生态文明观。

跨学科能力是指学生在不同学科之间建立联系、综合运用多学科知识解决实际问题的能力。学习目标设计应关注学生的跨学科能力培养，鼓励他们运用多学科知识解决实际问题。以"竹影映窗话四季"的跨学科主题学习为例，其核心目标聚焦在：通过研读相关文献资料，深刻理解中国不同地域竹林的分布规律，探讨其对当地气候、土壤条件的适应性，增强信息提取与处理能力，培养科学探究精神；结合实地考察或虚拟仿真技术，观察并记录不同季节竹子的生长状态、形

态变化，运用植物学、气象学及地理学知识，综合分析"竹影映窗"所蕴含的自然规律与美学价值，进一步提升质疑与分析能力。

责任担当意识是学生作为社会成员应具备的素养之一。在跨学科主题学习中，教师应引导学生关注社会问题，培养他们的责任感和使命感。比如，引导学生密切关注社会问题，提升其对社会责任的认知与关注度，增强学生的责任感和使命感，鼓励其积极参与社会实践，为解决现实问题贡献自己的力量。

3. 学习目标要可教、可学与可评

学习目标是教师教学的基础，是对学生学习效果的预估，是学习后评价的依据。因此，学习目标设计应具有可操作性，即教师能够依据学习目标进行教学设计，学生能够明确知道如何学习以达到目标，同时评价者能够依据学习目标对学生的学习成果进行准确评价。一个好的学习目标具体表现在三个方面：可教、可学与可评。

比如，《义务教育地理课程标准（2022 年版）》中"定向越野"活动的目标为：使用地图、指南针或其他导航工具进行导航、定位，设计越野路线，参与并完成定向越野活动，在活动中展现出不怕困难、积极进取的精神。[①] 其中，"使用地图、指南针或其他导航工具进行导航、定位"体现了教师可教性；"设计越野路线，参与并完成定向越野活动"贴近学生的生活实际，体现了目标的可学性，即目标需符合学生的认知水平，能够激发学生的探索欲望和学习动力；"在活动中展现出不怕困难、积极进取的精神"则以具体的行为表现为评价标准，体现了目标的可评性，即需设定可量化的标准或指标，以便对学生的学习成果进行客观、全面的评价。

又如，"探寻家乡的地貌奇观与人文遗迹"一课的学习目标也体现了可教、可学和可评性：学会使用地形图、地质图以及电子地图等地理工具，识别并分析家乡的地貌类型、地质构造及水文特征（这一目标具有明确的可教性）；基于地理分析，设计一条探寻家乡地貌奇观与人文遗迹的考察路线，参与并完成实地探险活

---

① 中华人民共和国教育部. 义务教育地理课程标准（2022 年版）[S]. 北京：北京师范大学出版社，2022.

动,记录观察结果(这一目标具有很强的可学性);结合实地考察资料,分析地貌的形成原因、人文遗迹的历史背景及其与自然环境的关系,撰写地理探险报告并运用多媒体展示,分享个人见解与团队合作经验(这一目标具有很好的可评性)。

4. 学习目标要体现不同维度的整合,如核心知识、关键能力、必备品格、正确价值观等

跨学科主题学习立足于素养的培育,而素养是不可分割的,因此学习目标的设计应体现不同维度的整合。这包括核心知识的掌握、关键能力的培养、必备品格的塑造以及正确价值观的引导等。核心知识是指学科领域的基础知识或核心概念,是学生理解和应用其他学科知识的基础;关键能力是指学生在解决问题过程中所需的各种能力,如批判性思维、创新思维等;必备品格是指学生作为社会成员应具备的道德品质和行为习惯;正确价值观是指学生应树立的积极向上、符合社会主流价值的观念。

比如,《义务教育地理课程标准(2022年版)》中"我的家在这里"这一跨学科主题学习活动的目标设计就充分展现了不同维度的整合,具体表述如下:

① 通过考察、调查、访谈、参观等活动,在真实的环境中识别平原、丘陵、山地等地形类型,说出地形、交通、自然资源等条件对家乡环境的影响,尤其是传统民居所反映的地方文化及其与自然环境的关系。② 结合相关图文资料和访谈活动,了解并简要分析家乡环境、人们生活变化的状况及原因;发现家乡存在的问题,尝试提出合理的建议,在实践中学会如何行使公民的监督权。③ 通过走进社区等活动,切身感受学校所在地区的变化,热心参加社区的公益活动,规范自己的行为,有为建设美好社区贡献力量的愿望。④ 通过一系列活动,提高收集、分析、处理、运用信息的能力,提高合作、交流和分享的意识。[①]

再以"二十四节气"的学习目标为例:

学习目标1:在查阅相关资料后,学生能够准确描述二十四节气的起源、含义

---

① 中华人民共和国教育部. 义务教育地理课程标准(2022年版)[S]. 北京:北京师范大学出版社,2022.

及其与天文、气象、物候的联系，并能够从不同视角分析节气在农业生产、日常生活、文化传承中的重要作用。

此目标使学生在了解节气基本知识的同时，能够深入探究其在不同领域的应用和影响，体现了知识与能力的整合。

学习目标2：学生能够运用科学知识，制作节气日历或观测记录，准确标注节气的日期、特点及相关自然现象，展现对节气现象的科学解释能力。

此目标将关键能力与必备品格相结合，使学生不仅在实践中锻炼技能，还培养了尊重传统和勤于探究的品格。

学习目标3：通过实地观察或案例分析，学生能够探究节气在现代农业、养生、文化习俗等方面的应用，提出节气在现代社会中的新价值或创新应用方式，展现跨学科分析问题的能力。

此目标将关键能力与正确价值观相结合，使学生在探究节气现代应用的同时，能够树立创新传承和顺应时代的价值观念。

学习目标4：在实践活动中，学生能够展现出尊重传统、热爱自然、勤于探究的品格，提高观察力、分析力、创新力，并逐步形成顺应自然、和谐生活的价值观，以及持续学习、勇于探索的精神。

此目标将必备品格、关键能力与正确价值观相结合，使学生在实践中不仅锻炼能力，还培养了良好的品格和正确的价值观。

（二）如何设计学习目标？

1. 设计流程

每一个学习目标都与其蕴含的大概念紧密相连，不可分割。大概念，作为学习内容精髓的集中体现，占据着学习内容的中心位置，它以思想、观点或概括的形式，为学习目标的确立提供了明晰的方向与侧重点。因此，在设计学习目标时，我们必须将大概念作为核心考量，确保所设定的学习目标与学科核心内容紧密相连。

从大概念的角度来看，学习实质上是一个引领学生逐步深入、全面掌握并灵活运用大概念的过程。这一过程不仅助力学生更全面地汲取学科知识，更在潜移默化中促进了他们核心素养的培育，诸如批判性思维、创新能力以及问题解决能

力等关键技能均在此过程中得以锤炼与提升。由此可见,大概念在学习过程中扮演着举足轻重的角色。学习目标的具体设计流程如下:

步骤 1：明确大概念

应考虑学生的认知水平、课程内容以及课程标准要求,确保大概念的核心地位;全面分析课程标准与教材内容,明确跨学科学习大概念以及学习主题;确保学习目标紧密围绕大概念,促进学生深度学习。

步骤 2：外显大概念,建构 KUDB 目标体系

跨学科主题学习的本质是在理解大概念的基础上做一些事(解释一种现象、设计一个产品、解决一个问题、探究一种学说等)。通过做事,学生对大概念的理解、技能以及情感都会发生相应的变化。因此,教师需要将大概念外显,转化为具体、可操作的学习目标。这些学习目标应涵盖四个方面:知道核心知识(Know)、对大概念及其子概念的深入理解(Understand)、关键技能与跨学科分析能力的掌握(Do)、必备品格和正确价值观的培养(Be)。它们共同构成完整的KUDB 目标体系。

步骤 3：形成具体、可评估的整合目标

依据目标四要素,即行为主体、行为表现、行为条件、表现程度,叙写出具体、可评估的整合目标,以句子的形式呈现。

2. 案例举隅

·························· **空中花园** ··························

(1)明确大概念

首先,我们确定了大概念,即"人与自然和谐共生下的建筑创新"。在这个大概念的引领下,我们选择具体主题内容,探索不同历史时期和文化背景下的"空中花园"如何展现人与自然的和谐关系,以及它们在建筑创新等方面的智慧。

(2)外显大概念,建构 KUDB 目标体系

接下来,我们将这个大概念外显,建构了一个完整的 KUDB 目标体系:

学生能够了解"空中花园"的历史背景、文化意义及其在不同历史时期和地域的多样化表现形式。（Know）

学生能够深入理解"空中花园"如何体现人与自然和谐共生的理念，包括其对环境资源的合理利用、生态平衡的维护等方面。（Understand）

学生能够运用跨学科知识进行"空中花园"的设计或模拟搭建。（Do）

学生在项目实施过程中培养出尊重自然、保护环境的责任感，以及跨学科合作与探究的精神。（Be）

学生通过"空中花园"的学习，形成对美的鉴赏和创造能力，提升人文素养和科学素养。（Be）

（3）形成具体、可评估的整合目标

最后，依据目标四要素叙写出具体、可评估的整合目标：

在查阅并整理相关资料后，学生能够向小组成员准确讲述至少三个不同历史时期或地域的"空中花园"案例，包括其历史背景、文化意义、建筑特点及其与自然环境的融合方式。

通过具体的"空中花园"案例的分析，学生能够向班级同学展示自己对"空中花园"所体现的人与自然和谐共生理念的理解，并指出至少两个建筑创新点及其对环境适应性的贡献。

在小组合作中，学生能够积极参与"空中花园"项目的规划、设计与实施，展现出尊重他人、跨学科合作与探究的精神。同时，学生需提交一份个人反思报告，阐述自己在项目中的角色、贡献以及对人与自然和谐共生理念的新认识。

茶马古道

（1）明确大概念

首先，我们确定了大概念，即"历史贸易路线对文化交流与经济发展的影响及其现代价值"。在这个大概念的引领下，我们确定了具体的学习内容——探索"茶马古道"作为古代重要贸易路线的历史背景、文化交流意义、对当地经济的影响，以及其在现代社会中的价值与启示。

（2）外显大概念，建构 KUDB 目标体系

接下来，我们将这个大概念外显，建构了一个完整的 KUDB 目标体系：

学生能够了解"茶马古道"的历史背景、主要路线、贸易商品及其在古代经济中的地位。（Know）

学生能够深入理解"茶马古道"如何促进不同民族之间的文化交流与融合，以及其对当地经济发展的推动作用。（Understand）

学生能够设计一项基于"茶马古道"文化遗产的旅游方案或经济开发方案，并展示其跨学科分析与解决问题的能力。（Do）

学生在项目实施过程中培养出尊重多元文化、保护文化遗产的责任感，以及跨学科合作与探究的精神。（Be）

（3）形成具体、可评估的整合目标

最后，依据目标四要素叙写出具体、可评估的整合目标：

在查阅相关资料后，学生能够准确描述"茶马古道"的历史背景、主要路线以及贸易商品，包括其在古代经济中的地位。

通过具体案例分析，学生能够解释"茶马古道"如何促进文化交流与融合，并指出其对当地经济发展的推动作用（至少两个）。此外，学生能够设计一项基于"茶马古道"文化遗产的旅游方案，展示其对文化传承与经济发展的考虑。

在小组合作中，学生能够积极参与"茶马古道"旅游项目的规划与实施，体现出尊重多元文化、保护文化遗产的责任感以及跨学科合作与探究的精神。

绿化地图

（1）明确大概念

首先，我们确定了大概念，即"地图是人类认识世界的工具"和"生物与环境的关系"。在大概念的引领下，我们构建了具体的学习主题，侧重理解绿化与校园环境之间的紧密联系。

（2）外显大概念，建构 KUDB 目标体系

接下来，我们将大概念外显，建构了一个完整的 KUDB 目标体系：

学生能够识别并说出常见的校园绿化植物种类及其生态功能。（Know）

学生能够理解地图的基本元素，包括比例尺、方向与图例等。（Understand）

学生能够理解绿化对校园环境的改善作用，如净化空气、调节微气候、提供生物栖息地等。（Understand）

学生能够合作制作一张包含植物种类、分布、生态功能等信息的校园绿化地图。（Do）

学生能够认识到个人行为对校园环境的影响，并愿意采取积极行动促进校园绿化和可持续发展。（Be）

（3）形成具体、可评估的整合目标

最后，依据目标四要素叙写出具体、可评估的整合目标：

在给定的校园植物清单和植物生态功能说明中，学生能够正确识别至少80%的校园绿化植物种类，并准确描述其生态功能（至少两项），展现出对校园绿化基础知识的掌握。

在小组讨论中，学生能够分析并解释至少三个不同绿化区域对校园微气候的具体影响，显示出对绿化与校园环境关系的深刻理解。

学生能够使用测量工具和GIS软件完成校园绿化的实地调查，并准确记录数据，随后与小组其他成员合作制作一张校园绿化地图（需包含至少5种植物的分布与生态功能信息），展现出良好的空间思维和信息技术应用能力。

在校园绿化地图的制作过程中，学生能够积极参与，尊重他人意见，展现出对校园环境的爱护之心和责任感，且至少提出一项个人或小组可实施的校园绿化改善建议，体现出对可持续发展理念的认同和实践。

三、跨学科主题学习的问题设计：转化大概念

问题是驱动学习的关键，它可以激发学生的好奇心，引导学生不断探索，还可以用于衡量学习深度和学生的理解程度。一个针对性强、能引发深思的问题，能够促使学生主动探究、深化理解，为教师课堂教学提供有力支撑。本部分主要

介绍核心问题和驱动性问题的设计，以及通过多个实例说明如何将大概念转化为跨学科主题学习的问题。

（一）核心问题的设计

1. 基本含义

（1）核心问题

核心问题指的是在跨学科主题学习中，能够引发深度思考、有助于引导学习活动并破解教学主要矛盾的关键问题。核心问题往往具有一致性、开放性、统摄性和持久性等特点。

（2）子问题

子问题是从核心问题中派生出来的具体问题，它们与核心问题紧密相连，从不同角度或层面对核心问题进行深入探讨。设计子问题的目的是提供更具体、细致的方向，以更全面地揭示核心问题的本质。

对于"为什么沙漠中的骆驼能够适应极端环境"这一核心问题，我们可从多个角度提出子问题。例如：骆驼具备哪些特殊的生理结构或功能以应对高温和干旱环境？骆驼如何调节体温以防止过热？骆驼的储水能力如何助力其在缺水环境中生存？骆驼在沙漠中如何觅食和寻找水源？其食物种类及选择策略是怎样的？骆驼的消化系统有何特点以使其高效利用有限的食物资源？骆驼在沙漠生态系统中扮演何种角色，其与环境如何相互作用？通过对这些问题的探讨，我们能够更全面地理解骆驼是如何适应并融入沙漠这一极端环境的。

对于"为什么柽柳能够在盐碱地中顽强生长"这一核心问题，我们同样可以从多个角度提出子问题。例如：柽柳具备哪些特殊的生理机制以应对高盐分和干旱的生存环境？柽柳的根系结构如何帮助它吸收和排泄多余盐分？柽柳的叶片中有哪些可以减少水分蒸发的结构？在盐碱地中，柽柳的繁殖策略和生存机制是怎样的？柽柳的耐盐碱性与其细胞结构有何关联？柽柳对土壤改良和生态恢复有何贡献？柽柳在盐碱地生态系统中占据何种地位，它与其他生物如何相互作用？通过对这些问题的探讨，我们能够更深入地理解柽柳是如何适应盐碱地这一恶劣环

境并在此茁壮生长的。

2. 设计流程

大概念，是学科领域内具有普遍性和迁移性的重要原理、规律或观念，它们超越了具体的事实和技能，指向更深层次的理解和思考。核心问题的设计，就是要将这些抽象的大概念转化为具体、可探究的问题，使学生能够通过探究这些问题，逐步构建起对大概念的全面、深入的理解。设计核心问题的过程，实际上是一个从抽象到具体、从宏观到微观的转化过程，具体可分为以下几个步骤：

步骤 1：明确大概念

应考虑学生的认知水平、课程内容以及课程标准要求，确保大概念的核心地位；全面分析课程标准与教材内容，明确跨学科学习大概念以及学习主题；解读大概念含义，明确核心要点以及它们之间的关系，为后续设计工作奠定基础。

步骤 2：转化大概念，形成核心问题

基于已明确的大概念，将其具体化为特定的研究对象或现象，如将"生物"这一大概念具体化为"藏羚羊"或"红树林"；围绕具体化的研究对象或现象，提出具有一致性、统摄性、开放性和持久性的核心问题。核心问题应能引导学生深入探究，并贯穿整个学习过程，激发学生的好奇心和探究欲。

步骤 3：分解子问题

从多个角度和层面深入分析研究对象或现象的特征等；结合现实挑战，提出具有探索性和实践性的子问题。子问题应层次分明，从简单到复杂，逐步深入，且各子问题之间应形成逻辑严密的问题链，支持核心问题的深入探究，并拓展学生的思维视野。

步骤 4：优化问题表述

教师需要对问题的表述进行优化，确保问题语言清晰、准确、简洁，能够直接激发学生的兴趣和好奇心，引导他们深入思考和探索。

3. 案例举隅

·························· 藏羚羊保护 ··························

（1）明确大概念

我们构建了一个以"藏羚羊保护"为核心的大概念框架，该框架聚焦于"藏羚羊保护"这一议题，涉及多个学科领域。在生物学层面，我们聚焦于生物对环境的适应机制，以及生态系统中的物质循环与能量流动；而在地理学层面，我们聚焦于自然环境各要素间的相互作用。

大概念：藏羚羊与其生存环境的相互作用，理解人类活动对藏羚羊生存环境的影响。自然环境中某一要素的变化如何影响其他要素。

核心要点：适应性、人类活动影响、可持续发展。

关系阐述：分析藏羚羊如何适应高原上的严酷环境，包括其独特的生理结构、行为特征等；探讨人类活动对藏羚羊种群数量、分布以及生存状态的影响；基于上述分析，提出保护藏羚羊及其栖息地的可持续发展策略，如加强法律监管、建立自然保护区、开展生态教育等。

（2）转化大概念，形成核心问题

我们将上述大概念转化为具体、可探究的核心问题，即将"生物"这一宽泛概念具体化为"藏羚羊"这一青藏高原特有的珍稀物种。随后，我们提出了核心问题：我们为什么要保护藏羚羊？

（3）分解子问题

为了更深入地探究这一核心问题，我们将其进一步分解为三个子问题。

"藏羚羊是如何适应青藏高原的独特自然环境的？"这个问题引导学生探究藏羚羊的生理结构和行为特征。

"藏羚羊保护如何与当地社会经济发展相协调，以实现可持续的生态保护？"这个问题引导学生思考在保护藏羚羊的同时，如何推动当地经济发展，比如通过生态旅游、发展可持续畜牧业等方式，实现生态保护与经济发展的双赢。

"在全球范围内，人类活动如何影响珍稀濒危物种的生存，以及我们如何通过国际合作来加强物种保护？"这个问题鼓励学生从全球视野出发，思考人类活动（如气候变化、非法贸易、栖息地破坏等）对珍稀濒危物种的影响。

（4）优化问题表述

在优化问题表述阶段，我们对问题再次进行打磨，确保语言清晰、准确、简洁，能够直接激发学生的兴趣和好奇心，引导他们深入思考和探索。

优化后的子问题：

藏羚羊是如何适应青藏高原的独特自然环境的？

藏羚羊保护如何与当地经济发展相协调，以实现可持续发展？

全球视角下人类如何拯救珍稀濒危物种？

························· 树木年轮 ·························

（1）明确大概念

我们构建了关于树木年轮的大概念框架，该框架聚焦于树木年轮这一自然现象，涉及多个学科领域。在生物学视角下，我们着重探讨树木生长与环境因素的相互作用；而从地理学角度，我们深入挖掘年轮在时间、气候以及生态环境变化方面的记录与指示作用。

大概念：树木年轮作为树木生长的周期性印记，是树木生长过程中与环境相互作用的生动写照。

核心要点：树木生长过程、年轮的形成机制、气候与生态环境的记录功能。

关系阐述：分析年轮的形成过程，涵盖早材与晚材的交替规律、形成层的关键作用等；探讨年轮的各种特点（如宽度、密度、物质成分）与树种基因、环境条件（如光照强度、温度高低、湿度大小）之间的紧密联系；揭示年轮在气候、生态环境方面的重要指示作用，如记录气候的冷暖干湿变化、真实反映生态环境状况等。

（2）转化大概念，形成核心问题

为了更具体地探究大概念，我们将其转化为核心问题：树木年轮是如何形成的？其特点和变化如何反映树木生长的环境条件以及历史变迁？

（3）分解子问题

为了更深入地理解核心问题，我们将其进一步分解为若干子问题。通过这些子问题的探究，我们可以更全面地理解树木年轮的形成、特点及其与环境和历史变迁的关系，从而更深入地把握大概念。

"树木年轮的具体形成机制是什么？包括早材与晚材的交替规律、形成层在其中的作用等。"这个问题引导学生探究年轮的形成机制、揭示树木生长的周期性规律，为理解年轮与环境因素的关系奠定基础。

"树木年轮的特点（如宽度、密度、物质成分）与哪些因素有关？其与树种基因、环境条件（如光照强度、温度高低、湿度大小）之间的具体联系是什么？"这个问题有助于学生明确年轮特点与树种基因和环境条件的关系，进一步理解年轮变化的多样性，并探讨树木对环境的适应性。

"树木年轮如何成为气候与生态环境变化的指示器？具体来说，它是如何准确记录气候的冷暖干湿变化，以及真实反映生态环境状况的？"这个问题引导学生研究年轮的环境指示功能，了解过去的气候和生态环境变化，为环境保护和气候变化研究提供重要信息。

（4）优化问题表述

在优化问题表述阶段，我们对子问题表述进行了打磨，确保语言清晰、准确、简洁，能够直接激发学生的兴趣和好奇心，引导他们深入思考和探索。优化后的子问题表述略。

东北虎

（1）明确大概念

我们构建了一个跨学科的大概念框架，该框架聚焦于东北虎这一珍稀物种保护，横跨生物学与地理学两大领域。在生物学视角下，我们着重探讨生物多样性保护以及东北虎作为顶级捕食者在生态系统中的核心作用；而从地理学角度，我们深入分析地域性生态环境变化，特别是人类活动对东北虎生存环境的深刻影响。

大概念：东北虎与其栖息地的相互作用，以及人类活动对东北虎生存环境的影响。

核心要点：生物多样性、物种间相互关系、顶级捕食者、人类活动影响、可持续发展。

关系阐述：分析东北虎如何适应其栖息地的自然环境，包括其独特的生理结构、行为特征等，以及它作为顶级捕食者在生态系统中的角色；探讨人类活动（如林业、农业、旅游开发等）对东北虎种群数量、分布以及生存状态的影响；基于上述分析，提出保护东北虎及其栖息地的可持续发展策略等。

（2）转化大概念，形成核心问题

我们将上述大概念具体化为东北虎这一研究对象，并提出核心问题，激发学生的探索兴趣，引导他们深入了解东北虎的保护价值及其在生态系统中的重要性。核心问题：为什么保护东北虎对于维护其栖息地的生态平衡至关重要？

（3）分解子问题

为了更深入地探究核心问题，我们将其进一步分解为三个子问题。

"东北虎是如何适应其栖息地的自然环境并成为顶级捕食者的？"这个问题引导学生探究东北虎的生理结构、行为特征及其适应机制，理解其作为顶级捕食者的地位。

"如果东北虎数量减少或消失，其栖息地的生态系统可能会发生哪些变化？这些变化对生态系统中的其他物种和人类有何影响？"这个问题让学生从生态学角度思考东北虎在生态系统中的角色，以及保护东北虎对生态平衡的重要性。

"在保护东北虎的同时，如何平衡人类活动（如林业、农业、旅游开发等）与生态保护的关系，以实现可持续发展？"这个问题鼓励学生拓展视野，关注其他与东北虎共享栖息地的物种以及它们的保护状况。

（4）优化问题表述

在优化问题表述阶段，我们确保问题表述清晰、准确、简洁，能够直接激发学生的好奇心和探索欲。优化后的子问题表述略。

（二）驱动性问题的设计

1. 基本含义

（1）驱动性问题

驱动性问题在项目化学习中占据核心地位，它不仅是项目的引领者，更是整个学习过程中的灵魂。简而言之，驱动性问题是一个能够激发学生深入探索、主动学习的核心疑问或挑战，它像一盏明灯，照亮学生通往知识的道路。

那么，什么是好的驱动性问题呢？

挑战性。好的驱动性问题应如高山，攀登它需要付出努力。它能激发学生的探索欲和求知欲，促使他们在思考与实践中不断成长。例如，"如何设计一条穿越城市的绿色出行路线，以减少碳排放并提升市民的环保意识？"该驱动性问题就有很强的挑战性。之所以这么说，是因为设计绿色出行路线不仅要考虑城市的交通状况、人口密度等基本信息，还要深入分析地形地貌、公共设施布局等因素。同时，学生还需将环保和减少碳排放的目标融入其中。学生需要在纷繁复杂的信息中寻找一个平衡点，以确保设计的路线既实用又环保，这无疑增加了问题的挑战性。

真实性。驱动性问题应与学生的生活实际、兴趣爱好或未来发展紧密相连，具有真实性和现实意义。这样的问题能让学生感受到学习的价值，从而激发他们的学习热情和动力。"如何利用地理信息技术为校园制订一份详细的防灾减灾预案？"该问题直接关联学生的校园生活，防灾减灾是每个学生都应关注和了解的重要内容。通过参与制订防灾减灾预案，学生能够更深入地了解校园安全状况，提高自我保护意识，这对于他们的日常生活具有实际意义。

促进大概念理解与应用。好的驱动性问题应有助于学生深入理解学科中的大概念，并推动这些概念在新情境中的应用。通过解决这类问题，学生能够学会如何运用所学知识解决实际问题，从而形成更加全面、深入的学习成果。"如何利用校园里的植物资源开展一次生态教育实践活动？"该问题直接触及生物学中的大概念，如"生物多样性""生态保护"等。这些大概念对于理解生态系统的运作、物种间的相互关系以及人类活动对自然环境的影响至关重要。围绕这些问题展开

学习和实践，学生能够更深入地理解这些大概念，从而构建扎实的学科基础。

（2）驱动性问题的类型

产品导向型问题。以下三个案例都属于产品导向型问题，因为它们都明确提出了一个具体的产品或解决方案并以此为目标，要求学生将所学知识应用于实际创作中。这些案例都强调创新与实践的结合，要求学生在深入了解实际需求和背景的基础上，运用多学科知识进行设计和创作，以创造出具有实用价值和社会意义的产品。

例一：鉴于当前城市热岛效应日益严重，我们应如何利用口袋公园来改善城市微气候，进而提高居民的生活舒适度？请结合生态学、城市规划和景观设计等领域的知识，提出富有创新性和实用性的实施方案。

例二：面对某老旧小区公共活动空间匮乏、居民交往日渐减少的现状，如何设计一座口袋公园，在增进邻里交流、加强社区凝聚力的同时又能展现小区的文化和历史特色？请深入探索该小区的文化背景并结合居民的实际需求，提出切实可行的设计方案。

例三：随着城市化的快速推进，儿童户外活动的空间在不断缩减。我们应如何设计一座以儿童为主要对象的口袋公园，以充分满足儿童的成长需求？在设计过程中，请注重儿童心理学、游戏设计和环境教育等方面的融合。

活动组织型问题。比如，为了丰富老年人的精神生活，如何策划一场在口袋公园举行的老年人才艺展示活动？请制订活动方案、招募参与者和准备奖品，确保活动既能激发老年人的兴趣，又能促进他们之间的交流与互动。这类问题聚焦于策划和组织一场活动，提升学生的团队协作能力、组织能力和社交技能。

问题解决型问题。比如，口袋公园附近的居民反映夜间照明不足，存在安全隐患。如何调查这一问题并提出改善方案？请进行实地考察、收集居民意见，并结合照明设计和能源节约等方面的知识，提出切实可行的解决方案。这类问题针对某个具体的现实问题，要求学生进行调查分析，提出并实施解决方案，以解决实际问题。

审辩探究型问题。这类问题要求学生针对某个有争议或复杂的议题进行深入探讨，通过辩论、研究等方式，培养审辩思维、口头表达能力，促进学生对相关知识的深入理解。比如，口袋公园的管理和维护应该由政府负责还是由社区居民共同负责？请调查不同地区的做法、分析利弊，并结合社区治理、公共管理等方面的知识，探讨适合本地区的口袋公园管理和维护模式。

2. 设计流程

设计驱动性问题的关键在于将抽象的大概念转化为具体问题。这样，学生在探究这些问题的过程中，就能逐渐对大概念或主题形成全面而深刻的理解。实际上，设计驱动性问题的过程就是一个逐步转化的过程，它从宏观的抽象概念出发，最终落实到微观的具体问题上。其主要步骤如下：

步骤 1：明确大概念

应考虑学生的认知水平、课程内容以及课程标准要求，确保大概念的核心地位；全面分析课程标准与教材内容，明确跨学科学习大概念以及学习主题；解读大概念含义，明确核心要点以及它们之间的关系，为后续设计工作奠定基础。

步骤 2：将大概念具体化，构建基础性问题

在明确了大概念之后，下一步是将其转化为一系列基础性问题。这些问题应直接触及大概念的核心，同时保持足够的开放性，以激发学生的好奇心和求知欲。教师应鼓励学生从不同角度思考基础性问题，为后续的深入探究奠定基础。

步骤 3：设计驱动性问题

结合具体的教学内容、生活实例或项目任务，进一步细化基础性问题并设计一个驱动性问题。驱动性问题应具有挑战性、真实性、开放性，聚焦于大概念的理解。

步骤 4：优化问题表述

对驱动性问题的表述进行优化，确保语言清晰、准确、简洁，能够直接激发学生的兴趣和好奇心。优化后的问题应能够引导学生深入思考和探索，同时激发他们的学习动力和求知欲。

3. 案例举隅

·························· **城市松鼠** ··························

（1）明确大概念

我们构建了一个关于城市松鼠的大概念框架，该框架聚焦于城市化背景下野生动物（特别是松鼠）的生存状态，并融合了生物学、地理等学科知识。在生物学视角下，我们关注松鼠如何在城市环境中寻找食物、构建巢穴及繁衍后代；而从地理学角度，我们探讨松鼠如何适应城市生态系统，以及人类活动对松鼠生存空间的影响。

大概念：城市松鼠，作为城市化背景下野生动物适应性的典范，其独特的生存策略、灵活的行为模式以及与人类之间复杂而微妙的关系，深刻体现了野生动物对城市环境的适应能力。

核心要点：城市松鼠的生存策略、行为适应性、人类活动的影响、人与自然和谐共生的实现途径。

关系阐述：分析城市松鼠如何通过调整觅食行为、利用城市资源（如树木、建筑物等）构建巢穴、发展出适应城市节奏的行为模式（如昼夜活动规律的变化）来应对城市化带来的挑战；探讨人类活动，如城市扩张、绿地减少、垃圾处理不当等，对松鼠生存空间、食物来源及种群动态的影响；进一步讨论人类如何通过城市规划、生态保护措施、公众教育等手段，为松鼠等城市野生动物创造更适宜的生存环境，实现人与自然的和谐共生。

（2）将大概念具体化，构建基础性问题

为了引导学生逐步深入探究，我们设计了以下基础性问题，引导学生从不同维度理解松鼠与城市的关系。

城市化给松鼠带来了哪些挑战？松鼠又是如何通过其行为、习性和栖息地选择来应对这些挑战的？

人类活动如何影响松鼠的生态位？我们可以采取哪些具体措施，既保护松鼠的生存环境，又不妨碍城市的可持续发展？

（3）设计驱动性问题

为了激发学生的创新思维，增强他们的社会责任感，我们提出了如下驱动性问题，鼓励学生将理论知识转化为实际行动方案。

基于城市松鼠的生存现状与人类活动的相互影响，你能构思一个具有创新性的项目计划，提升松鼠的生活质量，同时增强市民对野生动物保护的意识与参与度吗？

（4）优化问题表述

为了使问题更加引人入胜，激发学生的想象力与创造力，我们对问题表述进行了优化：

设想一座未来的城市，松鼠与人类和谐共生，成为城市生态中不可或缺的一部分。请设计一个创新项目，不仅展现松鼠的机智与魅力，还能激发市民对野生动物保护的热情，共同构建一座生态友好型城市。

设计意图：学生需要构思一个既能展现松鼠的机智与魅力，又能有效激发市民保护野生动物热情的创新项目，这要求学生综合考虑松鼠的生态习性、人类行为模式以及城市生态环境，从而锻炼其综合分析和解决问题的能力。

························　柽柳　························

（1）明确大概念

我们构建了一个关于柽柳的大概念框架，该框架聚焦于柽柳作为一种具有广泛适应性的植物，在不同环境条件下的生存状态与生态功能，并融合生物学、生态学和地理等学科知识。在生物学视角下，我们关注柽柳如何通过调整其生理机能、根系结构以及繁殖方式来适应多变的环境；而从生态学与地理角度，我们探讨柽柳对生态系统的贡献以及人类如何科学合理地利用柽柳资源。

大概念：柽柳，作为生态适应性的典范植物，能够在干旱、盐碱等多种极端环境条件下生存并繁衍。柽柳在生态系统中发挥着重要作用，能够改善土壤结构、提高土壤肥力，同时为其他生物提供栖息地和食物来源。

核心要点：适应性、生长策略、生态系统贡献、科学种植。

关系阐述： 柽柳如何通过调节水分利用效率、增强光合作用强度等生理机能，以及发展出发达的根系、无性繁殖等适应性特征，来应对从干旱荒漠到湿润河岸的生态环境挑战；探讨柽柳在防风固沙、土壤改良、生物多样性维护等方面的显著生态功能，以及其对调节气候、促进水循环的积极作用；进一步研究在不同环境条件下，如何结合生态学原理与可持续发展目标，科学合理地种植柽柳，以实现生态效益、经济效益与社会效益的和谐统一。

（2）将大概念具体化，构建基础性问题

为了引导学生逐步深入探究，我们设计了以下基础性问题，引导学生逐步深入探究柽柳的奥秘。

柽柳的哪些结构或生理特征使其能在盐碱地中生存？

不同种类的柽柳在盐碱地中的成活率与生长状况有何差异？

（3）设计驱动性问题

我们进一步提炼了驱动性问题：

如何根据柽柳的生态适应性和不同地区的自然条件，选择合适的柽柳种类并设计有效的种植模式，以促进盐碱地的生态恢复与可持续发展？

（4）优化问题表述

为了使问题表述更加清晰、准确、简洁，我们对驱动性问题进行了优化：

针对柽柳的生态适应性和特定地区的自然条件，如何筛选合适的柽柳种类并创新性地设计有效种植模式，以实现盐碱地的生态改良与可持续利用？

设计意图：引导学生聚焦于核心议题，探讨如何根据柽柳的生态适应性和特定地区的自然条件，进行科学合理的柽柳种类筛选。通过探讨这一问题，学生不仅能够深入了解柽柳及其伴生植物的生物学特性、生态功能，还能在实践中锻炼其科学思维、创新能力和解决实际问题的能力。

································ **互花米草** ································

（1）明确大概念

本案例整合了生物学和地理学等领域的内容，在生物学视角下，我们关注互花米草的生物学特性、生长繁殖规律及其在新环境中的适应性;从生态学角度,我们探讨互花米草如何影响本土生态系统的平衡,包括物种多样性、生态功能以及生态服务的变化;而在地理学层面,我们探索有效的人地策略,以减轻互花米草入侵带来的负面影响。

大概念:互花米草的入侵对本土生态系统构成了严重威胁。它改变了生态系统的物种组成,影响了生态功能和生态服务的提供。通过分析互花米草与本土物种的竞争关系、生态位重叠等现象,我们可以评估其对生态系统平衡的破坏程度。

核心要点:互花米草的生物学特性、入侵过程、生态影响。

关系阐述:互花米草如何利用其生物学优势(如快速生长、强繁殖力等)和入侵机制(如自然扩散、人为传播等)在本土生态系统中迅速蔓延;探讨其对本土生态系统的影响,包括资源竞争导致本土物种衰退、生态结构改变、生物多样性降低等;进一步讨论如何通过加强监测预警、实施生态恢复工程、采用物理与化学控制方法等措施,有效控制互花米草的入侵,维护本土生态系统的健康和稳定。

(2)将大概念具体化,构建基础性问题

为了引导学生逐步深入探究,我们设计了以下基础性问题,从不同层面揭示互花米草入侵的复杂性:

"互花米草的原始分布地在哪里?它是如何跨越地理界限,成为新环境中的外来物种的?"此问题追溯互花米草的迁徙路径,理解物种引入的潜在生态风险。

"互花米草在新栖息地中如何快速扩张并占据主导地位?它对当地生态系统造成了哪些具体影响?"此问题引导学生分析互花米草的生态适应机制,以及其对生物多样性、生态服务功能的潜在威胁。

"针对互花米草的入侵,目前采取了哪些措施?这些措施是如何权衡生态保护与经济社会发展的关系的?"此问题鼓励学生评估现有措施的成效,思考如何在保护生态的同时,兼顾社会经济的可持续发展。

(3)设计驱动性问题

基于基础性问题的铺垫,我们提出以下驱动性问题,激发学生的创新思维和问题解决能力。

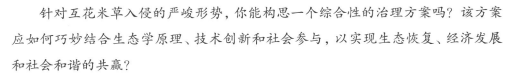

针对互花米草入侵的严峻形势，你能构思一个综合性的治理方案吗？该方案应如何巧妙结合生态学原理、技术创新和社会参与，以实现生态恢复、经济发展和社会和谐的共赢？

（4）优化问题表述

为了更好地激发学生的探索欲和责任感，我们对驱动性问题进行了优化：

面对互花米草入侵带来的生态挑战，你能发挥想象力和创造力，设计一个既科学有效又兼顾多方利益的治理方案吗？请结合生态学知识、创新思维和你对社会责任的理解，为构建更加和谐、可持续的生态环境贡献智慧与力量。

设计意图：驱动性问题聚焦于互花米草入侵所带来的复杂生态挑战，鼓励学生发挥想象力与创造力，设计一个既科学有效又能平衡多方利益的治理方案。通过这一过程，学生不仅能够增强对生态保护的认识，还能在实践中锻炼问题解决能力、团队协作能力，培养社会责任感，为构建更加和谐、可持续的生态环境贡献智慧与力量。

四、跨学科主题学习的任务设计：建构与应用大概念

在跨学科主题学习的世界里，任务设计扮演着至关重要的角色，它是知识与实践相互融合的纽带，也是理论与应用无缝对接的桥梁。一个构思巧妙、贴近实际的任务，不仅能引领学生深入理解大概念，还能在实践中锻炼和提升学生多方面的能力。本部分将探讨学习任务的含义、分类以及如何设计建构性任务与应用性任务。

（一）什么是好的学习任务？

1. 基本含义

学习任务是指在跨学科主题学习过程中，为了促进学生能力的发展、知识的深化以及实践技能的提升而精心设计的各种项目或挑战。学习任务是推动学生能力跃升与知识深化的关键，它引领学生主动建立知识与实践之间的联系，促进大概念的深度内化与灵活运用。学习任务通常由一系列相关的活动组成，这些活

动是为了实现学习任务而设计的,在学习过程中扮演着重要的角色。它们相互联系、相互支持,共同促进学生的全面发展。那么,什么是好的学习任务呢?

（1）紧密关联大概念

紧密关联大概念的学习任务应直接指向学科核心思想或原理,帮助学生建构具有统摄性、迁移性和持久价值的大概念知识,以便他们能够更好地理解和整合学科知识。

紧密关联大概念的学习任务还能够促进学生的跨学科思考能力,使他们能够融合不同学科知识,形成更全面的认知,进而培育综合素养。例如,在"主题公园"调研活动中,教师可让学生结合初中地理中的地形、气候知识以及初中生物学中的生态系统、生物多样性等内容,调研本地的一个自然保护区或公园的某种典型植物分布,并分析自然环境（如地形、气候）对其的影响。这样的任务不仅加深了学生对地理和生物学大概念的理解,还促进了他们跨学科思考能力的提升。

（2）具有挑战性与深度

例如,"种植小能手"这个案例的学习任务就充分体现了挑战性与深度。在校园环境探索中,学生需要实地考察、收集数据并进行数据分析,这对他们的观察能力、团队协作能力和数据处理能力都提出了较高的要求。这些任务都具有一定的难度和挑战性,学生需要付出努力才能完成。在种植实验与对比观察中,学生不仅需要记录植物的生长数据,还需要对比不同实验条件下植物的生长情况,分析环境因素对植物生长的影响。这种深入探究的过程有助于学生形成对植物与环境关系的深刻理解。

（3）融入情境且可实践

一个好的学习任务,应当融入生动的情境,让学生在情境中探索和学习。在"瓜王"这个案例中,学习任务的情境性体现得淋漓尽致。整个项目围绕"瓜王"这一地区特色农产品展开,通过探究其生长环境与人类活动的关系,引导学生深入理解生物与环境的相互作用。这种设计不仅让学生置身于一个真实且富有地方特色的情境中,还激发了他们对农产品的兴趣和好奇心。同时,学习任务的实践性也非常突出,如考察"瓜王"的生长环境、查阅资料了解其生物学特性和适应性机制、分析人类活动对其生长环境的影响等。这些学习任务不仅要求学生动手实践，还鼓励他们运用所学知识解决问题。

2. 主要类型

（1）建构性任务

建构性任务的核心在于促进学生主动学习和建构知识。这类任务强调学生的主体性和能动性，鼓励他们通过动手实践、探索发现来建构自己的知识体系。在"东北虎"这一主题下，教师可鼓励学生采取查阅资料、观看专题纪录片等多种方式，探索和学习关于东北虎及其生存环境的知识。这些任务的设计紧密围绕核心概念，促使学生在实践中不断思考和探索，从而深入理解大概念的本质与外延。

（2）应用性任务

应用性任务侧重于帮助学生将所学的理论知识转化为实际行动，以解决实际问题。它要求学生将所学知识应用于具体案例的分析和实际操作中，通过案例分析、设计创作和口头展示等活动形式，展示学生的分析、评价和创新能力。应用性任务的成果通常以产品、服务、项目报告或解决方案等形式呈现，注重实际问题的解决和行动方案的实施。

（3）建构性任务与应用性任务的关系

以"空中花园"这个主题为例，我们进一步探讨建构性任务与应用性任务之间的关系。

建构性任务与应用性任务的紧密联系。一是知识基础的建构。建构性任务为学生提供了关于"空中花园"全面而深入的知识基础。在"走进'空中花园'的世界"这一任务中，学生通过查阅资料、观看纪录片和参观展览，系统地整理了不同历史时期和文化背景下的"空中花园"案例。这些知识为后续的应用性任务提供了必要的理论支撑和背景信息。二是实践能力的培养。无论是建构性任务还是应用性任务，都强调学生的实践能力和动手能力。建构性任务通过实践探索，如资料搜集和整理，锻炼学生的信息处理和分析能力；应用性任务则要求学生将所学知识应用于实际问题的解决，如案例分析和设计创作，进一步培养学生的问题解决能力和创新思维。三是主体性的彰显。两类任务都强调了学生的主体地位和能动性。在建构性任务中，学生主动建构知识，通过实践探索来深化对"空中花园"的理解；在应用性任务中，学生则需要将所学知识转化为实际行动，通过案例分析和设计创作来展示自己的学习成果。

建构性任务与应用性任务的主要差异。一是核心目标不同。建构性任务更注重知识的探究和理论建构。在"空中花园"这个案例中，建构性任务的主要目标是帮助学生全面了解"空中花园"的历史背景、文化意义、建筑特点及其与自然环境的融合方式，从而建构关于"空中花园"的知识体系。而应用性任务则更侧重于将所学的理论知识转化为实际行动，以解决实际问题。在"案例分析与理念探讨"和"现代'空中花园'设计"这两个应用性任务中，学生需要将所学知识应用于具体案例的分析和现代"空中花园"的设计中，以展示他们的分析、评价和创新能力。二是实施形式不同。建构性任务多采用小组讨论、资料搜集和整理等活动形式，以帮助学生建构知识体系；应用性任务则更注重实际操作和成果展示，如案例分析、设计创作和口头展示等。这种实施形式上的差异使得两类任务在培养学生的能力和素养方面各有侧重。三是成果呈现形式不同。建构性任务的成果往往以知识体系的建构、理论模型的提出或假设的验证等形式呈现，体现了学生对知识的深入探究和理解；应用性任务的成果则更注重实际问题的解决和行动方案的实施，通常以产品、服务、项目报告或解决方案等形式出现。在"空中花园"这个案例中，建构性任务的成果可能是关于"空中花园"的资料汇编或报告；应用性任务的成果则可能是案例分析报告、现代"空中花园"设计模型或设计报告等。

（二）如何设计学习任务？

1. 设计流程

大概念是具有普遍性和迁移性的重要原理、规律或观念。在跨学科主题学习中，建构大概念意味着帮助学生形成对学习内容全面、深入的理解；而应用大概念则强调将这些理解转化为解决实际问题的能力。围绕大概念来构思学习任务，可以确保任务的实践性和探究性，促使学生在实践中深化对大概念的理解，并促进知识的迁移与长期应用。下面以"辰山植物园"和"夜鹭"为例，做简要说明：

步骤 1：明确大概念

首先，应明确学习任务设计的背景和学习目标；然后，识别并定义大概念与相关的子概念；最后，确定核心问题与子问题或驱动性问题。

① 设计背景

明确教学内容或学习项目的背景信息。这可能包括选择这个主题的原因，它与学生已有的知识、现实生活或未来学习的联系，它在教学计划或课程中的位置，等等。

比如，辰山植物园地处上海市松江区，坐落于佘山国家旅游度假区内。园区内设有展览温室、矿坑花园、儿童植物园等多个特色区域，为游客提供了丰富的自然体验和学习机会。节假日期间，辰山植物园还会精心布置主题园艺展区，展示的花果和园艺景观充分彰显了大自然的治愈力。此外，辰山植物园还注重植物科普，策划了多种创意活动，带领大人小孩一同探索植物的奇妙世界。

② 学习目标

列出与主题紧密相关的具体、可操作的学习目标。这些学习目标应涵盖四个方面，即前文所述的 KUDB 目标体系。

③ 大概念与子概念

大概念是教学内容中的核心思想或原则，它们通常是跨学科、具有普遍性和持久性的。明确大概念有助于我们将学习内容整合在一起，形成连贯的知识体系。子概念是大概念下的具体细节或分支，它们帮助学生更深入地理解大概念，并将其应用于具体情境中。

④ 核心问题与子问题

核心问题是与大概念直接相关的问题，它们引导学生深入思考、探究和讨论。核心问题通常具有开放性，可以有多种解释和答案。子问题是核心问题的具体化或细化，它们帮助学生逐步深入探究大概念，并通过问题解决来加深理解和应用。

⑤ 驱动性问题

驱动性问题是引人入胜、具有挑战性且与学生生活或未来学习密切相关的问题。

比如，"夜鹭"这个案例中的驱动性问题如下：面对城市化进程的加快，如何有效保护上海夜鹭及其栖息地，促进人与自然的和谐共生？请设计一份宣传方案，全面展现夜鹭的生态价值与城市生态环境保护的重要性。

步骤2：建构大概念，设计建构性任务及其活动

促进学生主动探索并建构大概念，设计探究、实验、讨论等高阶思维的建构性任务，确保活动的趣味性、挑战性和实用性，激发学生的学习兴趣，提高学生的参与度，支持学习任务的实现。

步骤3：应用大概念，设计应用性任务及其活动

引导学生将已建构的大概念应用于实际情境，解决真实世界中的问题，设计分析、评价、创新等高阶思维的应用性任务，确保活动能够充分激发学生的学习兴趣，提高学生的参与度，支持学习任务的实现。

步骤4：检查任务一致性

确保建构性任务与应用性任务紧密围绕同一大概念展开，使学生在建构知识的同时，能够与实际应用无缝衔接，实现知识的深度融合与迁移。

比如，在"辰山植物园"这个案例中，我们设计了五个任务及其相关活动，帮助学生深入理解植物的生命活动，培养学生的植物保护意识。为了确保任务设计的一致性和有效性，我们需要对每个任务及其活动与学习目标、大概念与子概念、核心问题与子问题之间的一致性进行检查。

任务一聚焦于植物外观及其生长习性的观察，直接关联识别植物特征及理解植物生长周期的学习目标，同时紧扣大概念中的多样性与适应性，并回应了核心问题的前两个子问题。任务二通过探索植物细胞结构及其功能，不仅让学生掌握了显微镜使用技能，还强化了学生关于植物生命活动基础的认识，与核心问题的第三个子问题相呼应。任务三则探究植物与生态环境的关系，深化学生对植物生长影响因素的理解，紧密围绕大概念中的相互关系部分，并对应核心问题的第四个子问题。任务四强调植物保护意识的培养，通过实践活动让学生认识植物保护的重要性，直接体现大概念中的植物保护内容，并回应了核心问题的第五个子问题中关于实践的部分。任务五则通过撰写观察日记和分享个人感悟，提升学生的记录与表达能力，与核心问题的最后一个子问题相契合。

2. 案例举隅

·························· 瓜王 ··························

（1）明确大概念

① 设计背景

夏日炎炎，西瓜成为消暑佳品。然而，一则关于某地区因土地管理政策变化而禁止种植"戈壁西瓜"的新闻引发了社会关注。这种被誉为"瓜王"的西瓜源自戈壁，以其硕大的体型、沙甜的口感、亲民的价格赢得了市场青睐，并被授予"国家地理标志产品"称号。然而，为何这一备受人们喜爱的瓜种会遭遇种植禁令？其背后蕴含着怎样的科学逻辑？

② 学习目标

通过"瓜王"这一地域特色鲜明的农作物，引领学生深入探究自然环境的整体性、生物与环境的相互作用、地理环境对人类活动的制约与推动、人类活动如何反作用于地理环境等内容。通过分析"瓜王"种植禁令的成因，能直观理解人类活动与地理环境之间复杂而微妙的平衡，以及自然与人为因素如何共同作用于这一平衡。

③ 大概念与子概念

大概念：自然环境的整体性；生物与环境的关系；地理环境对人类活动的影响；人类活动对地理环境的影响。

子概念：自然环境各要素间的相互作用；地理环境对人类活动的限制与促进；人类活动对地理环境的正面与负面影响。

④ 核心问题与子问题

核心问题：为何当地的自然环境适宜"瓜王"生长？"瓜王"如今为何会遭遇种植禁令？

子问题：

当地的自然环境具备哪些促进"瓜王"生长的有利条件？

"瓜王"种植禁令与自然及人为因素有何联系?

从鼓励到禁止种植"瓜王"的变化,给我们带来了哪些深刻的启示与思考?

(2)建构大概念,设计建构性任务及其活动

任务一:自然环境对"瓜王"生长的影响

活动1:学生搜集资料并解析戈壁滩的气候条件、土壤类型、水源状况等自然环境特征,理解其对植物生长的影响。

活动2:通过文献资料查阅,学生总结"瓜王"的生长周期、水分需求、光照条件等生长习性。

活动3:结合活动1和活动2的成果,学生分析自然环境要素(如光照、气温、土壤等)具体如何作用于"瓜王"的生长过程(如长日照促进光合作用、昼夜温差大有利于糖分积累等)。

(3)应用大概念,设计应用性任务及其活动

任务二:"瓜王"遭遇种植禁令的原因分析及启示

活动4:学生运用已构建的大概念,分析气候变暖、土壤侵蚀等因素对"瓜王"种植的不利影响。

活动5:学生探究多年来因持续种植"瓜王"而导致的土地贫瘠、土质退化等问题,以及这些问题如何与自然环境相互作用,从而加大"瓜王"种植的难度。

活动6:学生分组讨论"瓜王"种植从鼓励到禁止的转变案例,提炼出具体的启示,如可持续发展的重要性、资源的合理利用等。

任务三:短文撰写

活动7:学生以"假如时光可以倒流,我们如何重新种植'瓜王'"为主题,撰写一篇短文,提出个人见解与建议。

(4)检查任务一致性

在项目实施的各个阶段,确保任务一致性是取得学习成效的关键。我们通过回顾并明确大概念与子概念、对比课程要求与学习任务、审视学习目标与活动设计的契合度、评估问题与任务的关联性等措施,确保学生在学习过程中始终聚焦于核心内容,避免其偏离主题或陷入无关的学习活动中。这不仅提升了项目的连

贯性、系统性和有效性，还显著提高了学生的学习效果和项目的实用价值。

···················· 松江大米 ····················

（1）明确大概念

① 设计背景

随着秋季的到来，松江大米迎来了新一年的收获季节。作为上海市松江区的特色农产品，松江大米颗粒饱满、色泽晶莹、口感柔软且富有弹性、食味清香并略带甜味。这些特点使得松江大米在市场上广受好评。

近年来，松江区通过积极拓展市场，与众多知名电商平台和零售商建立合作关系，不仅使松江大米在本地市场上占据了一席之地，更将其推向了全国市场。此外，松江区还举办了多场以"松江大米"为主题的文化活动和品鉴会，这些活动不仅吸引了大量消费者和农业专家参与，还有效提升了松江大米的品牌知名度和市场影响力。

② 学习目标

从图文资料与实地调研中，精准提炼并整合关键信息，分析松江的气候、土壤等自然要素，以及这些自然要素如何共同作用于松江水稻的生长过程，进而对大米品质与口感产生具体影响。

参与设计针对松江大米的调查方案，涵盖调查目标的设定、调查方法的选择、数据的收集与分析等关键环节。

运用所学的知识与技能，创作关于松江大米的代言演示文稿，激发对家乡农产品的深厚情感，并鼓舞人们积极投身于宣传家乡、推广地方特色农产品的公益事业。

③ 大概念与子概念

自然环境对农产品品质的影响；人类活动与地理环境的相互作用；农产品的营养价值与市场价值。

④ 驱动性问题

面对激烈的市场竞争，如何使松江大米脱颖而出，成为消费者心中的首选品牌？请设计一份代言方案，全面展示松江大米的独特风采与魅力。

（2）建构大概念，设计建构性任务及其活动

设计意图：通过一系列实践活动，帮助学生深入理解自然环境对松江大米品质的影响，以及人类活动如何与地理环境相互作用。

任务一：实地考察与数据收集

活动1：组织部分学生前往松江大米的种植区域考察，采访当地农民，了解当地的土壤、水源、气候等自然条件，以及种植技术和管理经验。

任务二：资料分析与报告撰写

活动2：将收集到的资料进行整理和分析，探讨自然条件如何影响松江水稻的生长周期、产量和品质，撰写调研报告，阐述自然环境与松江大米品质之间的关联。

（3）应用大概念，设计应用性任务及其活动

设计意图：运用所学的大概念知识，设计并实施一项创意代言方案，提升松江大米的品牌知名度和市场竞争力。

任务三：市场调研

活动3：进行市场调研，了解目标消费者的需求和偏好，确定松江大米的品牌定位和市场策略。设计问卷，通过线上和线下渠道收集消费者意见，分析数据，明确松江大米的目标市场和差异化优势。

任务四：创意代言方案设计

活动4：结合松江大米的独特品质和品牌文化，设计一份创意代言方案，包括广告语、视觉形象和宣传渠道。

活动5：组织学生分组讨论，提出创意点子，绘制设计草图，撰写方案说明，最终选出最佳方案并进行完善。

任务五：社交媒体推广与互动

活动6：利用社交媒体平台，发布松江大米的代言内容和活动信息，吸引更多消费者的关注和参与。

活动7：定期发布种植故事、美食制作教程、品鉴会邀请等内容，提升品牌影响力。

（4）检查任务一致性

通过前面两个阶段的任务设计，学生不仅能够深入理解自然环境对农产品品质的影响和人类活动与地理环境的相互作用，还能够将所学知识应用于实际，提升松江大米的品牌知名度和市场竞争力，从而实现知识的内化与迁移。

城市农场

（1）明确大概念

① 设计背景

城市农场，顾名思义，就是在城市中开展农业生产活动的区域。它非常巧妙地利用了城市有限的空间资源，通过一系列先进的科技手段，实现了高效、可持续的农业生产。这不仅仅是一种农业模式的创新，更是对城市空间利用的一种全新探索。为了让学生更深入地了解城市农场的魅力，我们特意挑选了几个具有代表性的城市农场案例作为学习素材。

新加坡天鲜农场展示了垂直种植技术和智能灌溉系统的卓越应用，为学生学习如何利用科技手段提高生产效率提供了生动的案例。巴西里约热内卢的"里约菜园"则通过有效利用社区闲置空地和当地居民的积极参与，为学生学习社区发展与城市农场的紧密结合提供了宝贵的启示。以色列特拉维夫的"城市绿蔬"农场将有机水培方式与科普教育功能巧妙结合，引导学生思考环保意识和农业科技的融合之道。我国东莞的"空中农场"则利用工厂、学校天台等空间，成功引进了赏食兼用的蔬菜品种，为学生提供了学习城市空间利用和作物选择的实践机会。此外，我国北京的生态农场也以其水肥一体化、立体化种植等先进农业科技和注重科普教育功能的特点，为学生学习农业科技与社区发展的和谐共生提供了典范。

基于这些丰富的案例，我们设定了明确的学习目标，让学生围绕核心问题和一系列子问题展开探究与学习，引导学生深入理解城市农场的各个方面，掌握相关知识和技能，培养学生解决实际问题的能力。

② 学习目标

学生能够阐述城市农场的基本概念、特点，并列举至少两个实践案例，展现出对城市农场基础知识的了解。在讨论和报告中,学生能够深入分析城市农场的空间利用、农业科技应用、社区发展与环保等方面的核心原理和技术,以及它们如何相互作用以促进城市农场的可持续发展,显示出对城市农场运作机制的深刻理解。运用所学知识和城市规划软件,学生能够独立完成一个城市农场的规划设计,包括空间布局、科技应用方案等,并与小组成员合作制订一项科技创新方案和社区推广计划,展现出良好的跨学科整合能力和创新设计能力。在城市农场规划设计和实践活动中,学生能够积极参与,尊重他人意见,展现出环境保护意识和社会责任担当。

③ 大概念与子概念

区域不同,自然条件、自然资源也就不同,需要因地制宜发展经济。因地制宜应是在自然环境(自然条件或自然资源)基础上的扬长避短,扬长就是充分利用自然条件和自然资源的优势,避短就是避开自然条件和自然资源的劣势。因地制宜要充分激发人的创新能力在发展中的作用,如政策、教育、技术等。科技手段可以实现高效、可持续的农业生产,也可以促进社区经济发展、环境改善和公众环保意识的提高。

④ 核心问题与子问题

核心问题: 如何在城市有限的空间资源条件下,通过科技手段实现高效、可持续的农业生产,并促进社区经济发展、环境改善和公众环保意识的提高?

子问题:

如何有效利用城市的闲置空间(如屋顶、天台、社区空地等)进行农业生产?

不同空间利用方式在城市农场中有哪些优缺点和适用场景?

如何运用所学知识为当地或假设的城市区域设计一个城市农场规划方案?

如何制订一个有效的城市农场科技创新方案或社区推广计划?

(2)建构大概念,设计建构性任务及其活动

任务一: 城市空间利用探究

活动1: 学生分组调研不同城市农场的空间利用方式,如屋顶农场、天台农场、社区菜园等,分析它们的优缺点和适用场景。

设计意图：理解城市空间利用对于城市农场的重要性，掌握不同空间利用方式的特点。

任务二：农业科技应用实验

活动2：选取一种城市农场中应用的农业科技（如垂直种植、智能灌溉、水肥一体化等），进行模拟实验或实地考察，了解其工作原理和效果。

设计意图：理解农业科技如何提高城市农场的生产效率，培养学生的科技应用意识。

任务三：社区发展与环保讨论

活动3：组织学生讨论城市农场对社区经济和环境的影响，如提供新鲜食品、促进就业、改善空气质量等，并探讨如何进一步促进社区的可持续发展。

设计意图：理解城市农场在社区发展和环保方面的作用，培养学生的社会责任感和环保意识。

（3）应用大概念，设计应用性任务及其活动

任务四：城市农场规划设计

活动4：学生运用所学知识，为当地或假设的城市区域设计一个城市农场规划方案，包括空间利用、科技应用、作物选择等方面。

设计意图：综合运用所学知识，解决实际的城市农场规划问题，培养学生的规划和设计能力。

任务五：城市农场科技创新方案

活动5：学生针对城市农场中存在的问题或挑战（如水资源短缺、土壤污染等），提出科技创新方案，并进行可行性分析和效果预测。

设计意图：激发学生的创新思维，推动城市农场的科技创新和发展。

任务六：城市农场社区推广计划

活动6：学生制订一个城市农场的社区推广计划，包括宣传策略、活动设计、合作伙伴选择等方面，旨在提高公众对城市农场的认识和活动参与度。

设计意图：培养学生的市场推广能力和社会责任感，促进城市农场与社区的互动和发展。

（4）检查任务一致性

建构性任务与应用性任务的联系：建构性任务通过实践活动使学生深入理解城市农场的核心概念和原理，为应用性任务提供理论基础；应用性任务则引导学生将所学知识应用于实际情境，解决真实问题，实现知识的深度融合与迁移。

大概念的贯穿：所有任务均紧密围绕"城市农场"这一大概念展开，确保学生在建构知识的同时，能够与实际应用无缝衔接。

···················· 南极科考站设计 ····················

（1）明确大概念

① 设计背景

南极作为地球科学和环境保护的重要研究对象，对学生来说很神秘。南极科考站的设计需要创新思维和实践能力。通过参与设计活动，学生可以锻炼创新思维和动手能力，为未来的科学研究打下基础。

② 学习目标

通过阅读和分析相关图文资料，学生能够准确概括南极地区的自然环境特征（至少包括两项，如极端气候、冰川地貌等）和独特的生态系统构成（至少描述两种，如生物多样性、食物链等），并理解这些因素对科考活动的基本影响，展现对南极科考基础知识的掌握。

在讨论和报告中，学生能够深入分析南极地区自然环境与生态系统之间的相互作用，以及它们如何共同影响科考活动的规划与执行，显示出对南极科考复杂性的深刻理解。

结合环境保护、资源利用和科研需求等知识，学生能够设计一份南极科考站创意方案，方案需包含至少三个方面的考虑（如能源供应、环境保护措施、科研设施布局等），并利用图表、模型等工具进行展示，体现出良好的跨学科整合能力和创新设计思维。

在南极科考站的设计过程中，学生能够与人积极合作，尊重并采纳他人意见，展现出对南极地区环境保护的高度责任感，且至少提出一项减少科考活动对南极地区环境影响的实际措施，体现出对科学探索与环境保护并重价值观的认同和践行。

③ 大概念与子概念

地理环境可以制约人类活动，如地形影响交通、科学考察等。区域具有整体性，气候、地貌、水文、土壤、生物等要素相互作用。纬度位置影响区域热量分布，一般纬度越高，气温越低。海陆位置影响区域干湿状况，通常离海越近，降水越多，湿度越大。

④ 驱动性问题

如何结合南极地区的自然环境特征（如极端气候、冰川地貌等）和独特的生态系统构成（如生物多样性、食物链等），在考虑环境保护、资源利用和科研需求等多因素的基础上，设计一个既具有创新性又符合实际需求的南极科考站，以支持并促进南极地区的科学探索活动。

（2）建构大概念，设计建构性任务及其活动

任务一：南极地区环境认知探索

活动1：学生分组搜集关于南极地区的自然环境特征（如极端气候、冰川地貌等）和生态系统构成（如生物多样性、食物链等）的图文资料。

活动2：安排线上或线下专题讲座，为学生解答关于南极地区自然环境特征和生态系统构成的疑问，深化学生对该地区的了解。

任务二：南极科考站初步设计构想

活动3：学生分组讨论，结合南极地区独特的自然环境特征和生态系统构成，以及环境保护、资源合理利用和科研实际需求等多方面因素，进行南极科考站的初步设计构想。

活动4：基于初步构想，各小组应详细绘制南极科考站的设计草图，并明确标注关键设施及其功能区域，以便后续讨论与完善。

（3）应用大概念，设计应用性任务及其活动

任务三：南极科考站设计的互评、完善与展示

活动5：各小组进行南极科考站设计图的互评，鼓励提出具体且有针对性的改进建议。各小组要根据反馈意见对设计方案进行细致的完善。

活动6: 学生利用3D建模软件,将完善后的南极科考站设计图转化为真实感强的三维模型,并进行展示与交流,以便更好地呈现设计效果。

活动7: 各小组根据3D建模的最终结果,确定南极科考站的最终设计方案,并在班级内进行展示与分享,以促进相互学习与交流。

设计意图: 通过一系列循序渐进的建构性任务与活动,引导学生深入探索南极地区的自然环境特征,促使学生全面理解并掌握南极科考站设计的核心方法。通过从初步构想到完善设计,再到3D建模展示的全过程参与,学生能够构思并呈现出既富有创意又具备实际可行性的南极科考站设计方案。在此过程中,学生不仅能够锻炼创新思维和实践操作能力,还能有效提升团队合作与沟通协调能力。

(4)检查任务一致性

在南极科考站设计的整个教学过程中,从确定大概念到建构大概念,再到应用大概念,各项任务与活动均保持了一致性,确保了教学目标的顺利实现。

在明确大概念阶段,通过确定设计背景、课程要求、学习目标以及大概念与子概念,为后续的教学活动提供了清晰的方向和框架。这些大概念贯穿整个教学过程,成为连接各个环节的纽带。

在建构大概念阶段,两项紧密相连的任务使学生深入理解了南极科考的基础知识,并学会了从复杂信息中提取关键概念,为设计任务奠定了坚实的理论基础。

在应用大概念阶段,进一步强化了学生对大概念的应用和实践能力。通过南极科考站的设计,学生对照学习目标中的要求,从多个维度对设计的作品进行了综合评价,积累了实践经验。

五、跨学科主题学习的评价设计:理解与迁移大概念

评价设计在跨学科主题学习中有着重要的地位,它是衡量学习成效的标尺,也是推动教学优化的关键驱动力。一个科学合理、全面细致的评价体系,不仅能够准确反映学生对大概念的理解程度,还能有效地评估学生应用知识解决实

际问题的能力。本部分重点探讨两个问题：表现性评价设计和跨学科主题学习作业设计。

（一）表现性评价设计

1. 基本含义

表现性评价是评估学生综合能力的重要方式。它是对学生在真实或模拟情境中完成复杂任务的过程和结果做出判断。[①] 表现性评价是一种注重实践、创新和团队协作能力的评价方式。在"江南水乡民居调查"中，学生们被分成多个小组，深入江南水乡腹地展开调查。各组需深入探索水乡民居独特的建筑风格如何反映地域文化特色，如青砖黛瓦、马头墙、天井设计等；分析建筑材料的选择（如木材、石材）如何适应江南湿润的气候条件；考察空间布局（如前庭后院、四水归堂）如何体现古代居民的生活智慧与风水理念；进一步研究这些民居如何与周围的水系、桥梁、植被等自然环境和谐共生。表现性评价在此项目中的应用，不仅仅局限于对学生调查技能（如访谈技巧、数据收集与分析）的直接评估，而是重点评价学生能否将历史学、地理学、建筑学等多学科知识有机融合，提出针对民居保护与利用的创新性建议。

表现性评价能够客观地评价学生的学习成果，并促进他们的自我反思和元认知能力的发展。以"模拟自然灾害应急响应"为例，表现性评价不仅体现在对学生应急响应技能的直接观察上，更在于模拟演练结束后，学生需提交应急响应报告并进行口头汇报，阐述他们的应对策略、实施过程、遇到的问题及解决方案。这一环节不仅是对学生学习成果的全面展示，更是对他们自我反思与元认知能力的有力促进。

在跨学科主题学习中，表现性评价的重要性尤为突出，它以一种生动且实用的方式，评价学生对大概念的理解深度和应用能力，以及他们是否具备跨学科思维和创新能力。以"全球气候变化辩论会"为例，学生被分为正方和反方，围绕

---

① 王梦珂，王卓，陈增照. 深度学习评价：理论模型、相关技术与实践案例［J］. 广西师范大学学报（哲学社会科学版），2023，59（6）：66-75.

"人类活动是/不是全球气候变化的主要原因"这一论点展开激烈的辩论。正方需搜集并呈现人类活动（如工业化、汽车尾气排放、森林砍伐等）如何加剧温室气体排放，进而引发全球气候变暖的证据；反方则需从自然因素（如太阳活动、火山爆发、海洋循环变化等）的角度，探讨它们对气候变化的可能影响，并质疑人类活动的主导作用。表现性评价在此辩论会中的应用，不仅体现在对学生辩论技巧的直接观察上，更在于通过辩论过程，评价学生对全球气候变化这一大概念的理解深度和应用能力，以及他们能否将不同学科的知识融会贯通，形成独特的见解和具有创新性的解决方案。

2. 设计流程

评价设计往往围绕学习目标展开，而在跨学科主题学习中，大概念的理解与迁移是重要的学习目标之一。表现性评价设计往往围绕大概念展开，包括学生对大概念的理解程度、在不同情境中的应用能力等方面。具体的设计步骤如下：

步骤1：明确大概念

应考虑学生的认知水平、课程内容以及课程标准要求，确保大概念的核心地位；全面分析课程标准与教材内容，明确跨学科学习大概念以及学习主题。

步骤2：设计评价目标

依据主题内容中蕴含的大概念以及结合学习内容或方式，联系课程标准设定评价目标。确保评价目标具体、明确，反映学生在跨学科主题学习中的关键能力和素养。

步骤3：根据评价目标，形成表现性任务

评价任务的设计是表现性评价的核心。任务应具有挑战性、真实性和情境性，能够激发学生的兴趣和创造力。依据主题内容中蕴含的大概念和大问题，联系课程标准中相应的学业质量标准，设计植根于真实情境的表现性任务。表现性任务是大概念教学的主要评价方式，能使学生思维可视，理解力可评。

步骤4：根据评价目标以及表现性任务，形成表现性评价标准

表现性任务评价表用于评价学生学习一个主题后对大概念的理解水平以及核心素养发展状况。评价表是基于标准的评分指南，由固定的质量等级构成，并对

71

每一等级的特征进行了详细描述。评价表设计借助 SOLO 理论完成，可分为整体型评价表与分析型评价表。[①]

3. 案例举隅

························· **学校周边河流考察（或调查）活动** ·························

（1）明确大概念

通过分析课程标准与教材内容，明确了本跨学科主题学习案例的核心大概念。

大概念：探索河流的水文特征、水质状况与生物群落间的相互影响，以及河流生态在维系整体生态平衡中的关键作用。

（2）设计评价目标

为了更好地评估学生对大概念的理解和迁移能力，设定了以下评价目标：

学会考察并记录河流的水文特征，基本掌握河流水质科学检测的方法，深入理解河流水生生态系统的构成与运作机制。

能够根据实地考察结果，分析并提出有针对性的河流生态保护与改善策略，展现出将理论知识迁移应用于解决实际问题的能力。

（3）根据评价目标，形成表现性任务

任务一：河流水文特征考察

任务描述：有条件的学生前往选定的河流所在地，考察河流的水文特征，如水位、流量、含沙量、结冰期等。

任务二：河流水质科学检测与评估

任务描述：学生运用科学的水质检测工具和方法对河流的水质进行检测，包括溶解氧、pH、浊度、重金属含量等关键指标。通过数据分析，学生应了解水质状况，识别可能的水质问题，并探讨其成因及潜在的环境影响。

任务三：河流水生生态系统探究

任务描述：通过实地调查和资料收集，识别水生植物的主要种类，了解它们

---

① 郭元勋，张华.论素养本位表现性评价设计［J］.全球教育展望，2022，51（9）：91-103.

的生活习性及其在生态系统中的角色和功能。

任务四：河流生态保护与改善策略报告

任务描述：基于前三个任务的调查结果，学生需撰写一份简要的报告，包含对河流生态环境的评估、存在的问题及其原因分析，以及有针对性的保护建议。

（4）根据评价目标以及表现性任务，形成表现性评价标准

为了确保活动的顺利进行和有效评价，还要制订一份表现性任务评价表。这份评价表从实地考察与记录、水质检测与分析、水生生态系统探究、报告撰写与展示等多个维度，对学生的表现进行客观评价（见表2-1）。

表2-1　学校周边河流考察（或调查）活动评价表

维度	表现性评价及分值		评价结果		
	评价要点	分值	自我评分	同伴评分	教师评分
实地考察与记录	• 能正确使用一些简单的考察工具 • 能简要描述一些河流水文特征 • 能对河流水文特征进行科学合理的分析	25			
水质检测与分析	• 能正确使用水质检测工具 • 能准确记录各项水质指标数据 • 能对水质数据进行科学合理的分析	25			
水生生态系统探究	• 能对水生植物进行准确观察和记录 • 能分析水生植物在河流生态系统中的作用	25			
报告撰写与展示	• 报告结构清晰，逻辑性强 • 报告中的数据和分析准确无误 • 报告中提出的保护建议具有实用性和可行性	25			
总分		100			

·························· **爱"打扮"的雷鸟** ··························

（1）明确大概念

全面分析课程标准与教材内容，明确本案例中的跨学科学习大概念，为后续的设计工作奠定坚实的基础。

大概念：理解生物对环境的适应性以及全球气候变暖对生物生存的影响。

（2）设计评价目标

为了更好地评估学生对大概念的理解和迁移能力，设定了以下评价目标：

能够理解雷鸟的生活习性和分布地区，以及它们适应环境的方式。

能够分析全球气候变暖对雷鸟生存环境可能产生的影响，并表现出对问题的深入理解和分析能力。

能够运用所学知识，提出关于全球气候变暖对雷鸟影响的应对策略或建议。

（3）根据评价目标，形成表现性任务

任务一：阅读材料，概括雷鸟爱"打扮"的主要证据，描述雷鸟分布的主要地区，并推测雷鸟爱换装的原因

材料1：雷鸟是鸡形目松鸡科雷鸟属动物的统称。雷鸟是寒带地区特有的鸟类，在北极圈附近的冻原地带和森林草原地带较为常见。通过对雷鸟的追踪，人们发现雷鸟分布广泛，从北极圈向南直至北半球的中纬度地区都有它们的踪迹。春天雷鸟会脱去厚重的白色冬羽，夏末入秋，雌雄雷鸟都换上了暗褐色羽毛，与晚秋落叶颜色极为接近。冬季来临前，雷鸟逐渐脱下暗褐色的羽毛，换上纯白色的双层羽毛。[①]

活动1：概括雷鸟爱"打扮"的主要证据。

活动2：描述雷鸟分布的主要地区。

活动3：推测雷鸟爱换装的原因。

任务二：阅读材料，概括红雷鸟生活地区的主要气候类型，并推测红雷鸟不爱换装的原因

材料2：英国和爱尔兰受北大西洋暖流的影响，气候温和湿润，四季寒暑变化不大，很少出现积雪。在英国和爱尔兰，生活着一种红雷鸟。[②]

活动1：概括红雷鸟生活地区的主要气候类型。

活动2：推测红雷鸟不爱换装的原因。

---

① 黄钦赟，李慧 . 会"变色"的雷鸟［J］. 中学科技，2021（7）：30–35.
② 同上。

任务三：分析并讨论全球变暖可能对北极圈以内雷鸟的生存带来的主要影响，包括冰川地形变化、栖息地减少等方面，并提出自己的见解或应对策略

活动1：读图（图略）归纳全球变暖的主要趋向。

活动2：分析全球变暖对北极地区的影响。

活动3：推测全球变暖对北极圈以内雷鸟的生存带来的主要影响。

（4）根据评价目标以及表现性任务，形成表现性评价标准

为了确保活动的顺利进行和有效评价，还要制订一份表现性任务评价表。这份评价表可从多个维度对学生的表现进行全面、客观的评价。每个维度都设定了具体的评价标准和评分等级（5分/3分/1分），以便教师能够根据学生的实际表现，给予准确的指导和反馈。爱"打扮"的雷鸟评价表见表2-2。

表2-2 爱"打扮"的雷鸟评价表

维度	水平等级表现	赋分	自评（符合的打"√"）	互评（符合的打"√"）	师评（符合的打"√"）
推测雷鸟爱换装的原因	能概括雷鸟爱"打扮"的主要证据，清晰描述雷鸟分布的主要地区，并合理推测雷鸟爱换装的原因	5			
	能概括雷鸟爱"打扮"的证据，但对雷鸟爱换装的原因表述不够清晰或不完整	3			
	不能完整概括雷鸟爱"打扮"的证据或不能清晰说明雷鸟爱换装的原因	1			
推测红雷鸟不爱换装的原因	能准确推测出红雷鸟生活地区的主要气候类型，并清晰说明红雷鸟不爱换装的原因	5			
	能推测出红雷鸟生活地区的主要气候类型，但对其不爱换装的原因表述不够完整或不清晰	3			
	不能准确说明红雷鸟不爱换装的原因	1			

（续表）

维度	水平等级表现	赋分	自评（符合的打"√"）	互评（符合的打"√"）	师评（符合的打"√"）
全球变暖可能对雷鸟的影响	能推测全球变暖可能会导致冰川和冻土消融，间接导致雷鸟栖息地减少，并分析其对雷鸟可能产生的影响	5			
	能推测全球变暖可能会导致冰川和冻土消融，从而影响雷鸟的栖息地，但关于其对雷鸟可能产生的影响分析不足	3			
	仅能简单推测全球变暖可能会导致雷鸟栖息地减少	1			
总评					

（注：此评价表评估学生对"爱'打扮'的雷鸟"这一主题的理解和分析能力，通过自评、互评和师评的方式，可以帮助学生更好地认识自己在各个维度上的表现，从而进行有针对性的提升。）

·············· 观鸟之旅 ··············

（1）明确大概念

通过分析课程标准与教材内容，明确了本跨学科主题学习案例的核心大概念。

大概念：探索鸟类行为习性、栖息地选择与自然环境之间的复杂关系，以及生态保护对于维护生物多样性的不可或缺性。

（2）设计评价目标

为了更好地评估学生对大概念的理解和迁移能力，设定了以下评价目标：

能够掌握一些观鸟技巧，如识别和记录鸟类的特征、行为及栖息地信息。

能够分析鸟类栖息地选择的关键因素，理解其对鸟类生存的影响。

能够评估人类活动对鸟类栖息地的潜在影响，并提出有效的生态保护建议。

（3）根据评价目标，形成表现性任务

任务一：观鸟技能准备

活动1：通过视频教程和现场示范，学生学习望远镜的使用、鸟类识别技巧以及数据记录方法。

活动2：在校园内或公园里进行模拟观鸟，让学生熟悉观察流程和数据记录格式。

任务二：野外观鸟实践

活动3：组织学生前往自然保护区进行全天候观鸟，分组进行，每组配备指导教师或志愿者。

活动4：学生记录观察到的鸟类信息，包括种类、数量、行为以及栖息地特征，并拍摄照片作为佐证。

任务三：观察报告撰写与分享

活动5：学生返回学校后，整理观察数据，撰写观察报告，包括鸟类特征描述、行为分析、栖息地特征以及人类活动影响评估。

活动6：组织班级分享会，学生展示观察报告，分享观鸟心得，教师和同学给予反馈，促进知识共享与思维碰撞。

（4）根据评价目标以及表现性任务，形成表现性评价标准

为了确保活动的顺利进行和有效评价，还要制订一份表现性任务评价表。这份评价表从观鸟技巧、栖息地分析、人类活动影响评估以及保护建议等多个维度，对学生的表现进行全面、客观的评价。每个维度都设定了具体的评价标准和评分等级（5分/3分/1分），以便教师能够根据学生的实际表现，给予准确的指导和反馈。观鸟之旅评价表略。

（二）跨学科主题学习作业设计

1. 基本含义

如何编制跨学科主题学习作业，是近年来探讨的一个新课题。何为作业？简单地说，作业就是学生为巩固课堂学习成果而需要完成的学习任务或活动。跨学科主题学习作业，是指学生在跨学科主题学习过程中需要完成的具有主题性质的

学习任务或活动。所谓主题性质，可以理解为这个主题可以是一个话题，或一个真实问题，或一个项目任务，等等。其主要特点如下：

跨学科。比如，"文学作品中的地理元素"跨学科主题学习作业，学生选取一部或多部文学作品，分析其中描绘的地理环境（自然景观、城市风貌、地域文化等）对故事情节、人物形象和主题思想的影响。再如，以"古代文明与地理环境"为主题的跨学科作业，学生需要阅读历史资料，了解不同文明的兴起、发展和衰落过程，同时结合地理知识分析这些文明所处的地理环境（如气候、地形、水源等）对其发展的影响。

深探究。作业情境紧扣时代脉搏，贴近学生生活，注重育人功能，具有很强的探究、质疑、思辨功能，以及创造性思维要求。以"城市化进程中的生物多样性保护"为例，学生需广泛搜集城市扩张速度、绿地变迁、野生动物栖息地缩减等数据，运用生物学知识，全面剖析城市化对生物多样性的多维度冲击，如物种减少、生态失衡等，从而在实践中强化探究、思辨与创新能力。

强实践。要求学生从生活中的实际问题出发，放眼真实社会环境，更多地关注身边之事、城市之事、国家之事。以"城市绿肺"为例，学生需分组对特定城市区域进行实地考察，不仅要记录绿地分布、植被多样性、野生动物生存状况，还要特别关注城市化进程中的生态碎片化问题。通过数据整合，学生需运用生物学原理分析生态影响，同时从地理学视角审视人类活动与生态保护之间的矛盾与和谐。

2. 设计工具

经过持续数年跨学科案例试题命制以及作业设计，我们逐渐积累和形成了一些比较实用的命题和作业设计工具，含大概念表、测量水平表，以帮助我们更快、更好地设计题目。

（1）大概念表

基于地理和生物学的跨学科主题学习需要，我们凝练了两门学科交叉内容的大概念，详见本书"学科大概念及其子概念例举"部分。

（2）测量水平表

按照内容与水平、能力目标、测量水平等列表（见表2-3），作为设计的依据。

后期按照测量水平表的要求去设计题目。

表2-3　作业设计测量水平表

题号	内容与水平		能力目标		测量水平				
	大概念	学习水平	主要能力	具体表现	测量目标	预估难度	题目类型	题目来源	完成时间

3. 设计流程

在跨学科主题学习中，大概念占据核心地位，为作业设计指明了清晰的方向。作业设计必须紧密围绕大概念进行，以确保作业内容与既定的学习目标高度一致。作业可以采用项目式、探究式等多种形式，使学生在实际操作中深化对大概念的理解，并培养他们的实践能力和创新能力。跨学科主题学习作业设计流程如下：

步骤1：明确大概念

应考虑学生的认知水平、课程内容以及课程标准要求，确保大概念的核心地位；全面分析课程标准与教材内容，明确跨学科学习大概念以及学习主题。

步骤2：设计作业目标

依据主题内容中蕴含的大概念以及结合学习内容或方式，联系课程标准设定作业目标。确保作业目标具体、明确，反映学生在跨学科主题学习中的关键能力和素养。设定具有可操作性和可衡量性的要求，使学生清晰了解作业任务和期望。

步骤3：依据作业目标，形成作业结构

合理划分作业阶段，选择合适的作业类型。为每个阶段设定合理的时间安排，确保作业结构的合理性和可行性。

步骤4：依据作业目标以及作业结构，形成作业内容

设计具有多样性、创新性和实践性的作业内容。激发学生的兴趣和积极性，确保内容与跨学科主题学习的目标和大概念紧密相关。学生在完成作业的过程中充分展示跨学科思维和能力。

4. 案例举隅

·························· **因地制宜发展经济** [①] ··························

（1）明确大概念

这里以分国地理篇的作业设计为例做简要说明。作业的主题是"因地制宜发展经济"。之所以以该主题来设计作业，有两个原因：

一是"因地制宜"是个跨界大概念。

"因地制宜"这四个字看似简单，实则蕴含着深厚的哲学思想和实用智慧。从古至今，无数成功的案例都在印证着这一原则的重要性和普适性。无论是古代的农业耕作，还是现代的城市规划，抑或是各国的经济发展战略，都离不开"因地制宜"这一核心理念。

首先，我们来看看"因地制宜"在地理学中的体现。地理学是研究地理环境以及人类活动与地理环境关系的科学。[②] 在这个广阔的领域中，"因地制宜"的原则贯穿始终。不同的地区，由于其独特的自然环境和人文背景，形成了各具特色的地理景观和经济发展模式。比如，江南水乡的稻田、华北平原的麦地等，都是人们根据当地的自然条件，巧妙利用水、土、气等自然资源创造出的独特农业景观。这些景观是人们因地制宜、人与自然和谐共生的智慧结晶。

再来看城市规划的例子。如今，随着城市化进程的加速，各地都在紧锣密鼓地进行城市建设。然而，如何让城市更加宜居、宜业、宜游？这就需要城市规划者充分考虑当地的自然环境、历史文化、社会经济等因素，因地制宜地制订科

---

① 参与本部分作业设计与撰写的教师有：唐斌、黄惠萍、於琳、张璐、吉媛媛（排名不分先后）。

② 中华人民共和国教育部. 义务教育地理课程标准（2022年版）［S］.北京：北京师范大学出版社，2022.

学合理的规划方案。比如，杭州的西湖景区就是城市规划者根据杭州的自然环境和历史文化，巧妙地将山水景观与人文景观融为一体，打造出的世界闻名的旅游胜地。

除了地理学和城市规划，中医也是"因地制宜"原则的忠实践行者。中医讲究辨证施治，即根据患者的体质、病情以及所处的环境等因素，制订个性化的治疗方案。这种"因地制宜"的治疗方式，不仅体现了中医的人文关怀，也彰显了其科学精神。可见，"因地制宜"还是一个跨界大概念。

二是"因地制宜"是地理学习的一把"金钥匙"。

分国地理篇介绍了许多国家，如日本、印度、埃及、德国、俄罗斯、美国、巴西、澳大利亚、哈萨克斯坦、南非、英国、瑞士、新西兰等。放眼这些国家，尽管现有的生产方式、经济发展水平各不相同，但纵观各国的发展历程，无不遵守"因地制宜"这一原则。

比如，日本作为一个岛国，虽然土地资源有限，但其依托先进的科技和工业基础，发展出了高精尖的制造业和服务业；澳大利亚则利用其丰富的矿产资源和农业资源，大力发展采矿业和农业。这些成功的案例告诉我们一个道理：只有因地制宜地制定经济发展战略，才能实现资源的优化配置和高效利用。

因此，以"因地制宜发展经济"为主题学习国家地理，不仅能突破国家多、内容杂、部分学生只对"吃喝玩乐"的内容感兴趣等的教学困惑，而且能启迪学生从问题解决的思路来认识一个国家的发展。可以说，这为地理学习找到了一把"金钥匙"。

综上所述，"因地制宜"是一个具有强大解释力和预测力的大概念。它不仅在地理学中占据重要地位，在地理教学中也有着广泛的应用。因此，我们选择"因地制宜发展经济"作为本次作业设计的主题，不仅可以帮助学生更好地理解并运用这一原则去解决实际问题，而且能培养学生的地理思维和实践能力，为他们的未来发展打下坚实的基础。

（2）设计作业目标

如何凸显素养立意？分国地理篇的作业设计基于 2022 年版课程标准，不仅引导学生运用地图和资料，归纳、总结地理要素特征，促进学生认识要素之间相互联系、相互影响，区域认知、综合思维素养再上一个台阶，而且要从地理实践力、人地协调观出发，让学生理解在全球化背景下因地制宜发展经济的原则。

《义务教育地理课程标准（2022 年版）》中关于国家地理部分的核心要求有：运用地图和相关资料，说出某国家的地理位置、范围、领土构成和首都；选择与该国地理位置差异明显的国家，比较它们纬度位置和海陆位置的差异。运用地图和相关资料，描述某国家突出的自然地理特征。运用地图和相关资料，说出某国家人文地理主要特点及其与自然地理环境的联系。运用地图和相关资料，联系某国家的自然地理环境特点，结合实例简要分析该国因地制宜发展经济的途径。[①]

基于上述要求，我们拟定了单元作业目标：能够准确描述某国家的地理位置，概括其自然地理和人文地理特征，并简要分析该国如何因地制宜发展经济。

依据单元目标，形成课时作业目标。具体如下：第一课时，通过对日本青森县苹果产业的分析，理解因地制宜发展农业。学生分组探讨日本青森县苹果种植的自然条件，以及生草栽培与苹果仓储技术等人文条件，形成发言提纲。第二课时，通过对俄罗斯工业的分析，理解因地制宜发展工业。学生以小组合作的形式进一步完善小报制作，并在班级内进行展示交流。第三课时，通过对瑞士经济的分析，理解因地制宜发展特色产业。学生以小组合作的形式设计特色产业旅游路线。

（3）依据作业目标，形成作业结构

在作业目标的导向下，进行整体规划，促使学生更加深刻地理解因地制宜的内涵，形成了"因地制宜发展经济"的大主题。大主题统摄所有学习内容，包含三个子项目：子项目一，因地制宜发展农业；子项目二，因地制宜发展工业；子项目三，因地制宜发展特色产业。这三个子项目为并列关系，共同指向"因地制宜发展经济"这个大主题。以子项目为依托，形成了三个大任务，分别是撰写发言提

---

① 中华人民共和国教育部. 义务教育地理课程标准（2022 年版）[S]. 北京：北京师范大学出版社，2022.

纲、编辑地理小报、设计旅游路线。每个大任务下设计的基本活动包括提出问题、解决问题、形成成果。结构图和课时安排如图 2-1 所示。

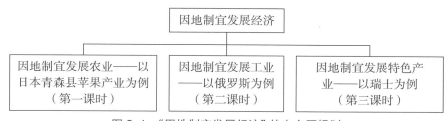

图 2-1　"因地制宜发展经济"的大主题规划

（4）依据作业目标以及作业结构，形成作业内容

作业情境

本案例以项目化学习构筑学习情境，包含学习方案和学习实践两个部分。学习方案引导学生进入学习实践之中。学习实践以真实性任务引导学生的学习活动。

表 2-4　"因地制宜发展经济"的项目化学习方案表

项目主题	因地制宜发展经济
项目概述	以日本、俄罗斯、瑞士等国家为例，理解一个国家如何因地制宜发展经济
核心知识	因地制宜
核心素养	区域认知、综合思维、人地协调观、地理实践力
驱动性问题	一个国家如何因地制宜发展经济？

【第 1 课时】因地制宜发展农业——以日本青森县苹果产业为例

第一课时你要完成的任务是：以"因地制宜发展农业——以日本青森县苹果产业为例"为主题，把小组学习中的质疑、探讨、发言等整理出一份提纲，并向同学们做简要介绍。

为了帮助你更好地完成任务，老师收集了一些材料，可供参考使用：

20 世纪 70 年代，日本为了振兴农村，发起了立足乡土、因地制宜的"一村一品"建设活动。"一村一品"实现了日本农业现代化，也树立了诸多农业发展典范。

青森县苹果产业的发展历程，更是引发了人们的关注。

图 2-2 青森县在日本的位置示意图

图 2-3 青森县地形图

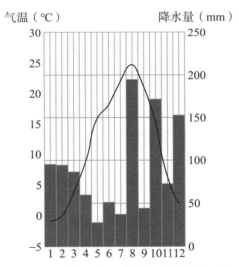

图 2-4 青森县气温曲线和降水量柱状图

1. 在小组讨论前，小明了解到日本青森县本来不种苹果，明治时代从美国引进了苹果树苗，才开启了苹果种植的历程，这表明苹果树能适应当地环境。这反映的生物学原理是：_____。

2. 在小组讨论中，有人提出日本青森县之所以能出产美味的苹果，与当地的自然条件密切相关。请填空以完成下图。

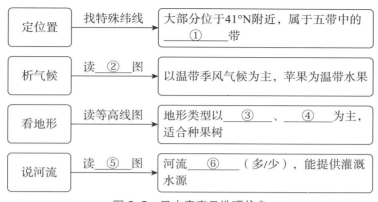

图 2-5　日本青森县地理信息

3. 苹果园生草栽培指的是在果树行间选留部分原生杂草或种植非原生草类。有学生质疑草本类植物与果树能否"和睦相处"。请结合表 2-5 和图 2-6 的实验数据，探究日本青森县推广苹果园生草栽培技术的优点。

读表 2-5 可得出如下结论（从土壤活性有机质、总鲜根重、土温等角度加以分析）：_____

_____。

读图 2-6 可得出如下结论：_____

_____。

表 2-5　生草覆盖对土壤及某种苹果树根系生长量的影响

	土层厚度（cm）	活性有机质（g）	总鲜根重（g/30cm³）	土温（℃）
生草区	0～15	3.48	0.27	25.8
	16～30	3.51	0.7	
裸地区	0～15	2.84	0.14	39.7
	16～30	3.33	0.09	

（注：总鲜根重指的是含有水分的根系总重量。）

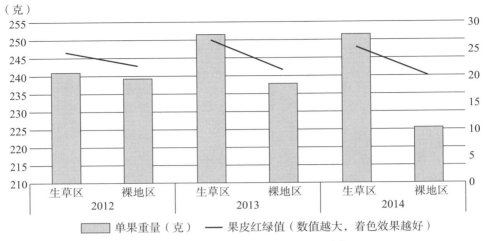

图 2-6　生草覆盖对苹果树生长的影响

4. 苹果一年收获一次，但日本青森县的果农采用气调贮藏技术使消费者一年四季都能吃上新鲜苹果。请结合表 2-6 和图 2-7 分析相关的科学原理。

气调贮藏技术指的是增加冷库中＿＿＿＿＿＿＿（气体名）的含量，同时降低＿＿＿＿＿＿＿（气体名）的含量，通过抑制苹果的＿＿＿＿＿＿＿＿＿＿（植物生理作用名称），从而达到长时间保鲜的效果。

表 2-6　气调贮藏技术气体类型及比例

气体类型	比例
氧气	1.8%～2.5%
二氧化碳	1.5%～2.5%

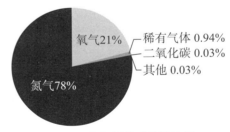

图 2-7　空气气体成分及比例

设计思考：第 3 题和第 4 题意在从地理和生物学的角度，说明科学技术影响农业生产，有助于苹果的增产增收；从跨学科案例分析的角度，引导学生对图表数据进行归纳，提高其信息提取与处理的能力。

5. 结合日本青森县苹果产业案例，小组成员探讨了该县苹果种植的自然条件，以及生草栽培与苹果仓储技术等人文条件，据此整理了如下发言提纲：（1）每个国家的地理位置是不同的，自然环境特征也不相同。（2）分析一个国家的农业发展条件，不仅要分析自然条件，如_____、_____、河流、土壤等，也要分析人文条件，如市场、_____、政策、交通等。

设计思考：本题意在让学生学会用因地制宜的思想分析一个国家的农业发展条件，这既是为后续学习作铺垫，也是为生活中的实践应用打基础。

【第 2 课时】因地制宜发展工业——以俄罗斯为例

恭喜你顺利闯过第一关！第二课时你要完成的任务是：3 ~ 5 人为一个小组，设计一张关于俄罗斯工业的小报，并在班级内展示交流。

依据主题，同学们可以通过课本、互联网、图书馆、采访等途径获取小报素材。为了帮助你更好地完成任务，老师收集了一些材料，可供参考使用：

材料 1： 俄罗斯多种矿产资源的储量和产量居世界前列，金属矿产有库尔斯克的铁、乌拉尔地区的有色金属等，能源矿产有秋明的石油和天然气、库兹巴斯的煤等，是世界著名矿业大国之一。

材料 2： 俄罗斯矿产资源与工业区分布图。

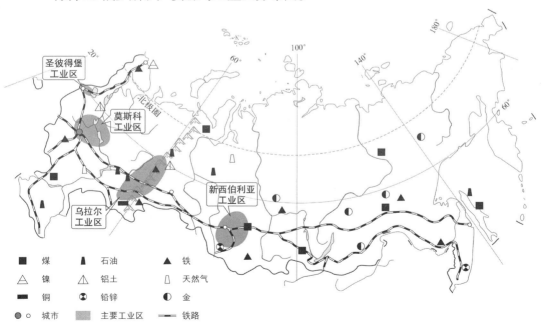

图 2-8　俄罗斯矿产资源与工业区分布图

以下是制作小报的关键步骤，大家可以借助它完成小报的制作。

第一步：确定小报主题

1. 本小报的主题是＿＿＿＿＿＿＿＿＿＿＿＿＿＿（选择"俄罗斯因地制宜发展工业"或"俄罗斯因地制宜发展轻工业"）。

第二步：确定小报内容

2. 请结合材料 1，概括俄罗斯矿产资源的主要特征。

_____

3. 请结合材料 2，总结归纳俄罗斯矿产资源与工业区分布的关系。

_____

设计思考：让学生明白俄罗斯自然资源丰富，属于资源型工业发展模式。

第三步：确定小报版面

4. 在确定版面时，有同学认为应增加"俄罗斯工业与日本工业的比较"的内容，在比较中才能更好地理解"因地制宜发展工业"。判断下列有关俄罗斯工业与日本工业的描述，正确的打"√"，错误的打"×"。

（1）俄罗斯的工业建立在丰富的自然资源基础上。　　　（　　）

（2）日本的矿产资源贫乏，但科技发达。　　　　　　　（　　）

（3）俄罗斯重要的工业中心都位于亚洲部分。　　　　　（　　）

（4）日本工业区集中分布在太平洋沿岸与濑户内海沿岸。（　　）

（5）因地制宜发展工业，不仅要看自然条件，也要看人文条件。（　　）

设计思考：让学生明白工业中的因地制宜除了需要关注对自然资源的充分利用，更要充分激发人的创新能力在工业发展中的作用，如政策、教育、技术等。不同国家有不同的工业发展模式，所以需要因地制宜发展工业。

第四步：校对和修改

5. 在数据校对环节，有同学对图 2-9 中的数据进行了分析，认为俄罗斯大量从中国进口轻工产品，说明中俄两国贸易互补，区域间联系紧密。也有同学认为，俄罗斯大量从中国进口轻工产品，说明俄罗斯轻工业落后，这是过度发展重工业所致。你的看法是什么呢？请说明理由。

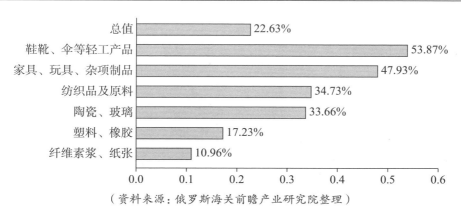

（资料来源：俄罗斯海关前瞻产业研究院整理）

图 2-9　2018 年俄罗斯从中国进口的部分产品占该产品进口总额的比重

设计思考：让学生通过读图知道俄罗斯以重工业为主，其轻工业相对薄弱。中俄两国的贸易往来密切，区域之间有互补性。

第五步：美化、打印和发布小报

6. 请根据以上材料和步骤，以小组合作的形式进一步完善小报制作，并在班级内展示交流。

【第 3 课时】因地制宜发展特色产业——以瑞士为例

恭喜你顺利闯关！第三课时你要完成的任务是：请你根据"我"的瑞士旅游行程，画出特色产业旅游路线。

为了帮助你更好地完成任务，老师收集了一些材料，可供参考使用：

材料 1：瑞士是欧洲中部的内陆国，年降水量 1000 毫米以上，河湖众多，矿产资源贫乏但经济发达，工业、金融业、旅游业为其经济的三大支柱。工业以低原料消耗的机械制造、钟表业等为主，国民素质较高，生产技术先进。瑞士有稳定的社会环境，完整的金融法律和监管体系，可提供广泛、专业、高度国际化的金融服务。①

材料2：瑞士地形图。

图 2-10　瑞士在欧洲的地理位置图　　　　　图 2-11　瑞士地形图

材料3：瑞士特色小镇达沃斯各月平均气温和降水量表。

表 2-7　瑞士特色小镇达沃斯各月平均气温和降水量表

	1月	2月	3月	4月	5月	6月	7月	8月	9月	10月	11月	12月
气温（℃）	-4.9	-4.6	-1.3	2.2	7.1	10.2	12.4	11.9	8.6	5.1	-0.7	-3.8
降水量（mm）	90	77.7	67.3	50.9	13.4	3.3	0.6	1	4.6	17.2	66.3	76.1

第一站：日内瓦

1. 怀揣着对国际组织的强烈好奇心，"我"来到了联合国欧洲总部万国宫所在地日内瓦。每年在日内瓦召开的国际会议达数千个之多。日内瓦风景优美，充满了诗情画意，有"游览者胜地"之称。请帮"我"完善下面的结构图（填序号）。

① 稳定的社会环境　② 游客增多　③ 美丽的自然风光　④ 旅游业发达

---

① 宋发刚，杨杏霞 . 解读地理试题情境信息，构建地理解题思维模式［J］. 教学考试，2024（27）：14-18.

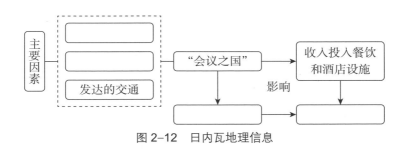

图 2-12 日内瓦地理信息

第二站：伯尔尼

2. "我"行走在"钟表之都"伯尔尼的街上，看到品种繁多的知名钟表。瑞士重点发展钟表产业的自然原因是＿＿＿＿＿＿＿＿＿＿＿＿＿＿＿＿＿，该产业属于＿＿＿＿（重工业/轻工业）。这是瑞士人根据本国特点扬长避短做出的合理选择。

设计思考：通过"我"的行走场景，帮助学生理解一个国家如何扬长避短发展相关产业，实现人与自然的和谐发展。

第三站：特色小镇达沃斯

3. "我"跟随导游来到了"欧洲最大的天然冰场"达沃斯。据材料 2 和材料 3 可知，达沃斯成为"世界滑雪者天堂"的主要自然原因是＿＿＿。

第四站：苏黎世

4. "我"的最后一站是瑞士最大的金融中心城市苏黎世。金融业在瑞士经济中占重要地位。据材料 1 可知，瑞士发展金融业的优势条件有：＿＿＿＿＿＿＿＿＿＿＿＿＿＿＿＿＿＿＿＿＿＿＿＿＿＿＿＿＿＿＿＿＿＿＿＿＿。

设计思考：帮助学生树立全局观，放眼世界，关心地理事象，理解某个国家或地区的自身优势条件对其发展的影响，培养学生的全球视野和学科核心素养。

【旅行地图】

5. 画出"我"的瑞士特色产业旅游路线，并写下旅游感受（一两句话即可）。

图 2-13　瑞士特色产业旅游路线图

旅游感受：_____

_____。

第三部分　跨学科主题学习的案例设计

本部分探讨了跨学科主题学习的案例设计，包括五种不同的设计模式：案例式、项目式、研学式、实践式和单元式。对于每种模式，我们都首先进行了定义说明，随后提供了设计模板和具体的案例设计，最后进行了案例点评。这些精心设计的案例跨越了不同年级与主题领域，如全球变暖、为农产品代言等。

一、案例式跨学科主题学习设计

（一）基本含义

案例教学，作为一种独具特色且成效显著的教学方法，其核心精髓在于巧妙融入真实案例，让学生置身于具体而生动的问题情境之中。通过深入剖析案例、认真讨论解决方案，并在实践过程中不断汲取与应用相关知识，学生的问题解决能力、批判性思维以及创新能力均得到了显著提升。

案例教学为跨学科教学注入了新的活力，推动其向更深层次发展。第一，它能让学生把不同学科的知识融合起来。一个精心选择的案例，往往包含了多个学科的知识点，比如生态问题里就有生物学知识和地理知识。学生在分析案例的时候，需要突破学科界限，把学到的知识都用起来，这样就促进了跨学科学习和整合。第二，案例学习强调真实情境中的问题解决，让学生在真实情境里亲身体验和探究问题，这种方式比师讲生听要生动、有效得多。第三，案例学习还拓宽了学生的眼界，让他们不再只盯着教室和课本，而是能关注到更广泛的社会现象和现实问题，这样一来，也有助于培养学生的社会责任感和创新能力。因此，案例教学与跨学科教学的结合，催生了"案例式跨学科主题学习"这一教学形式。

案例式跨学科主题学习指的是围绕一个具有现实意义和探究价值的跨学科主题，利用与主题紧密相关的真实案例进行深入探究的一种学习活动。它要求在教师的引导下，通过案例中的核心问题和子问题，引导学生经历信息提取、问题分析、结论阐释等环节，促进学生跨学科分析能力的提升。其主要特征有：

跨学科性。它打破了传统学科之间的界限，强调不同学科间的知识整合。一个具有现实意义和探究价值的跨学科主题，往往涉及多个学科的核心知识。例如，在探讨生态问题时，不仅涉及生物学知识，还可能涉及地理、化学等学科的内容。

实践性。所选案例多来源于现实生活，具有鲜明的实践性与应用性。通过引入与主题紧密相关的真实案例，学生能够在真实情境中亲身体验和探究问题。这种学习方式不仅生动有趣，而且更加有效，因为它使学生能够直接面对实际问题并运用所学知识来解决。

（二）设计模板

1. 设计要素

（1）设计背景

要能简述案例背景，如社会需求、教育发展趋势以及实际遭遇的挑战等；清晰阐明选择该主题的动机与依据，如该主题的跨学科性质如何有效激发学生的学习兴趣并促进其综合学习能力的提升；此外，还需明确界定设计的目标以及预期成效，如案例学习可以帮助学生建构跨学科知识体系、培养核心素养以及形成积极向上的情感态度和价值观等。

以"热带雨林"案例的设计背景为例。随着人类活动的不断扩张，热带雨林正遭受前所未有的砍伐、退化以及生物多样性丧失的威胁，保护热带雨林对于维护全球生态平衡、促进生物多样性以及应对气候变化具有极其重要的意义。本案例设计的首要目标是通过深入探究热带雨林的生态特性、面临的挑战以及保护的重要性，唤醒公众对这一珍贵自然遗产的保护意识，为热带雨林的可持续发展提供切实可行的策略。本案例包含一系列多维度、深层次的科普教育活动，通过生态讲座、互动展览等形式，使公众尤其是青少年深入了解热带雨林的生物多样性、生态服务功能以及面临的威胁，从而激发他们对保护热带雨林的兴趣与责任感，培养自然保护意识。此外，本案例鼓励学生运用多学科知识解决实际问题，如热带雨林生态恢复、生物多样性保护等，培养他们的创新思维、团队协作能力以及解决复杂问题的能力。

（2）主题描述

明确一个具有跨学科性质的主题，并阐述该主题的重要性及其对我们的生活、社会或环境的影响；通过深入探究这一主题，学生能够获得哪些宝贵的概念性知识；同时，列出与主题相关的跨学科领域，并简要说明这些领域如何与主题相互关联，共同构成一个完整的知识体系。

仍以"热带雨林"为例。科学家指出，热带雨林已成为生态平衡的关键考验场，这对全球生物多样性保护构成了重大挑战。亚马孙雨林的树冠层竞相向上生长，刚果盆地的生物种类繁复多样，东南亚雨林里隐藏着无数未知物种。那么，作为地球上最丰富的生态系统，热带雨林正面临着怎样的挑战？珍稀动植物能否继续繁衍生息？热带雨林地区的文化又将如何传承与发展？通过热带雨林的跨学科主题学习，学生不仅能够掌握热带雨林的基本生态特征，更重要的是能够跨越学科界限，将生态学、地理学乃至社会学等领域的知识相融合，深入分析热带雨林保护与人类活动之间的复杂关系，探索可持续发展的新路径。

（3）学习目标

列出与主题紧密相关的、具体的、可操作的学习目标。比如"校园绿化"案例的学习目标：学生能够准确识别校园内至少80%的主要绿化植物种类，并了解这些植物的至少两项生长习性及其对校园环境的积极作用。通过团队研讨，学生能够深入探讨校园绿化规划的原则与策略，分析至少三个绿化区域如何促进校园生物多样性发展以及改善学习生活环境，展现对校园绿化与生态系统服务功能的深入观察能力。能运用一些工具，在团队合作中完成对校园绿化现状的调研，精确记录数据，并绘制一份校园绿化规划图，图中需明确标注至少五种植物的布局、预期效果与生态价值，体现空间规划能力和跨学科融合思维。在参与校园绿化项目的过程中，能够主动担当，积极倾听并采纳他人意见，表现出对校园自然美的珍视与保护意识。

（4）大概念及其子概念

提炼出与主题相关的、具有跨学科性质的跨学科大概念。在大概念的基础上，进一步细化出子概念。

以"河流文明"为例，提炼与主题相关的大概念如下：河流文明，作为人类文明发展的重要基石，是河流与人类社会活动相互作用的综合体现。在大概念的基础上，进一步细化出以下子概念：河流对人类社会的影响；河流文明的形成与发展；河流作为自然资源与文化资源的价值。

通过大概念和子概念，重点分析河流如何为人类社会提供生活用水、农业灌溉水源、航运等便利条件，进而推动聚落形成、城市发展和社会进步；探讨河流文明在不同地域的独特表现形式，以及它们如何受到河流特征、地理环境、气候条件等多种因素的影响；揭示河流在文化交流、经济发展和生态环境保护等方面的重要作用，如促进不同文明间的相互学习与融合、支撑区域经济发展、维护生态平衡等。

（5）核心问题及其子问题

设定一个贯穿整个学习过程的核心问题，围绕这个核心问题，再设计一系列子问题，这些问题应引导学生逐步深入探究，从多个角度理解主题。

仍以"河流文明"为例。其核心问题为：河流是如何影响人类文明发展的？河流文明的形成、发展与河流特征以及地理环境之间存在怎样的关系？围绕核心问题设计的子问题如下：

问题1：河流为人类社会提供了哪些基本条件，进而推动了文明的发展？这些条件在不同地域和历史时期有何异同？（通过探究河流对人类社会发展的推动作用，可以揭示河流文明形成的物质基础和社会背景。）

问题2：河流文明的形成与发展过程中，受到了哪些河流特征和地理环境因素的影响？这些因素如何塑造了不同地域的河流文明特色？（明确河流特征和地理环境对河流文明形成与发展的影响，有助于解释河流文明的多样性和地域性特征。）

问题3：河流在文化交流、经济发展和生态环境保护等方面发挥了怎样的作用？具体来说，它是如何促进不同文明间的相互学习与融合、支撑区域经济发展、维护生态平衡的？（通过研究河流在多个方面的综合作用，可以全面评价河流文明的价值和意义，为当今社会的可持续发展提供借鉴和启示。）

（6）学习过程

学习过程主要分为三个阶段：信息提取与处理阶段、问题分析与质疑阶段、结论阐释与创新阶段。以"东北虎"案例为例，具体学习过程如下：首先，在信息提取与处理阶段，学生需搜集并整理有关东北虎的分布范围、栖息地环境和生活习性等相关信息。其次，在问题分析与质疑阶段，学生需对搜集到的信息进行分析，通过小组讨论探究东北虎选择特定栖息地的原因，以及人类活动对其栖息地可能产生的影响，从而深入理解东北虎的生态需求和环境适应性。最后，在结论阐释与创新阶段，学生需基于前两个阶段的研究成果，阐述自己的结论，提出保护东北虎及其栖息地的创新性建议或方案。

（7）学习评价

采用多元评价方式，结合表现性评价和终结性评价来全面评估学生的学习成效。它既关注学生的学习过程，也重视学习结果的呈现。例如，通过跨学科案例分析题的考核来检验学生对跨学科知识的理解和应用能力。

2. 简要模板

根据上述案例式跨学科主题学习的设计要素，形成以下简要模板：

表 3-1 案例式跨学科主题学习设计的简要模板

主题名称					
主题类型		课时		适用年级	
学校名称		执教教师		涉及学科	
学科矩阵	载体学科：＿＿＿＿＿＿＿＿＿＿＿＿＿＿＿＿＿＿＿＿＿＿＿＿＿＿＿ 相关学科：＿＿＿＿＿＿＿＿＿＿＿＿＿＿＿＿＿＿＿＿＿＿＿＿＿＿＿				
设计背景					
主题描述					
学习目标					
大概念 及其子概念					
核心问题 及其子问题					

（续表）

学习过程	信息提取与处理阶段	
	问题分析与质疑阶段	
	结论阐释与创新阶段	
学习评价		

（三）案例设计

全球变暖——以极地地区为例

1. 设计背景

（1）全球气候变化的紧迫性

南极、北极和青藏高原，是地球上最为敏感和脆弱的三大区域。它们不仅是自然环境的指示器，更是全球气候系统的重要组成部分。极地地区的冰雪覆盖对地球的能量平衡起着至关重要的作用。极地地区作为全球气候变化的"前沿阵地"，其变化情况直接关系到全球气候的稳定与否。近年来，极地地区的气温上升速度远超过全球平均水平，这导致了冰雪融化、海平面上升等一系列严重后果。更为严重的是，这种变化正在加速进行，给人类社会和自然环境带来了巨大的压力。

（2）大概念学习的绝佳载体

上述每个议题都蕴含诸多复杂的问题，每个问题绝非单一学科能够全面解释，此类开放性问题需要多个学科共同应对和解决。

在本案例中，我们主要运用了初中地理和生物学的大概念。地理方面，我们强调自然环境由气候、地貌、水文、土壤、生物等要素构成，这些要素之间相互影响、相互作用、相互联系，形成一个复杂的系统。当自然环境中的某一要素发生变化时，其他要素也会随之发生变化。生物学方面，我们则突出了生物与环境之间的相互依赖和相互影响关系。

本案例的核心问题是探讨全球变暖对极地地区生物的影响。从地理学角度来看，极地气温的升高会对地貌、水文、土壤、生物等多个要素产生影响，特别是这种持续性影响可能导致冰川融化、海平面上升、土壤裸露、生物栖息地变化等一系列连锁反应。而从生物学角度来看，生物栖息地的变化以及栖息地内生物种群的变化可能对食物链、种群数量和物种多样性产生深远影响。

通过这一案例的学习，学生可以看到地理和生物学大概念如何自然而然地结合在一起，共同解决核心问题，并形成问题的答案。这种学习方式不仅有助于学生深入理解大概念，还能培养他们的跨学科思维能力和问题解决能力。

进一步探讨，既然自然环境中某一要素的变化会引起其他要素的变化，那么我们可以引导学生思考：如果青藏高原不断抬升，会对气候、水文、土壤产生什么影响？这些变化又会如何影响生物的栖息地和种群数量？通过这样的设想和探讨，学生能够发现越来越多的问题解决点，从而激发他们的学习兴趣和探究欲望。

因此，本案例无疑是大概念学习的绝佳载体，它不仅能够帮助学生掌握相关知识，还能培养他们的跨学科思维能力和问题解决能力，使教学更加高效和有趣。

2. 主题描述

2022年，地球发烧了！有专家表示，这是全球变暖导致的极端气候事件，是对人类的警告。

在全球变暖的大背景下，阿尔卑斯山脉的雪线在升高，青藏高原呈现一片绿色，俄罗斯由农产品进口国变为出口国……那么，极地地区又面临着什么变化？企鹅宝宝们还好吗？北极熊依然憨态可掬吗？

通过对极地地区的跨学科主题学习，学生不仅可以获得关于极地地区的基本地理知识，更为重要的是能以跨学科视角，将地理与生物学知识相结合，运用气候变化与生物之间的关系来解释更多自然现象。

3. 学习目标

结合相关图文资料，了解极地地区的地理位置及其独特的自然环境特征，了解中国南极科考站，增强信息提取与处理能力，培养科学探究精神。

在小组研讨中，学生能够综合分析全球变暖与自然环境要素（如大气、水文、生物等）之间的相互作用。结合图表资料，能够归纳学科大概念（自然环境各要素相互作用），并能够在新情境中解释全球变暖对北极熊可能产生的影响，形成对跨学科问题的分析能力。

在全球变暖问题的研究与讨论过程中，学生能够积极贡献想法，尊重不同观点，展现出对全球环境问题的关注和责任感。同时，学生能够提出至少两项可行的减缓全球变暖趋势的措施或倡议，如推广绿色能源、减少碳排放等，体现出对可持续发展和全球合作的坚定信念。

4. 大概念及其子概念

（1）初中地理

自然环境由气候、地貌、水文、土壤、生物等自然地理要素构成。自然环境各要素之间相互影响、相互作用、相互联系。地理位置与范围影响区域特征。纬度位置影响区域热量分布，通常纬度越高，气温越低。海陆位置影响区域干湿状况，通常距海越近，降水越多，湿度越大。区域具有整体性。

（2）初中生物学

生物体之间、生物与环境之间相互依赖。非生物环境（如水、阳光、空气、温度和土壤等）影响生物生长、繁殖与分布。生物在形态结构、生理功能、行为等方面对环境具有不同的适应方式。两种生物体可能以多种方式相互作用。它们的关系可能是：生产者—消费者，捕食者—被捕食者，寄生物—寄主；还有一种生物分解另一种生物，或以其残体为食。

5. 核心问题及其子问题

（1）核心问题

全球变暖，极地地区的自然环境会发生什么变化？

（2）子问题

问题1：如何描述极地地区的地理位置？极地地区独特的自然环境特征及其科考价值是什么？

问题2：如果全球持续变暖，会影响南极企鹅的生存吗？

问题3：全球变暖仅仅影响南极企鹅吗？以北极地区为例，说明全球变暖对北极熊的影响。

6. 学习过程

环节一：信息提取与处理

问题1：如何描述极地地区的地理位置？极地地区独特的自然环境特征及其科考价值是什么？

（说明：对问题1的解答，可以有两种方法，一是组成研学团队，学生在参观上海自然博物馆中的极地探索主题区后尝试作出解答；二是在教师的课堂引导下完成，具体操作过程见下文。）

任务1：描述南极地区的地理位置和自然环境特征。

活动1：阅读地图，说出南极地区的地理位置。

南极地区通常指南纬66.5°以南地区，包括南极大陆、周边岛屿和环绕南极大陆的南大洋，是一块被海洋包围的冰雪大陆。

活动2：阅读材料，推导或概括南极地区的自然环境特征。

方法一：引导学生结合大概念（平均温度随纬度的升高而降低，纬度越高，温度越低；海拔越高，气温越低）推导该地区的气温特点。

方法二：由一些直观现象归纳得出。

材料：中国科考队队员在南极大陆上洒出的一杯水立刻变成冰晶。南极大陆年平均降水量为30～50毫米（低于撒哈拉沙漠的降水量），南极点附近几乎无降水。在南极洲，一根生锈的铁链放在室外，不到两天的时间就被风吹得亮堂堂。

概括得出南极地区的自然环境特征：酷寒、干燥、烈风（世界"寒极""白色沙漠""风库"）。另外，部分特征的内在成因较为复杂，涉及高中地理的教学内容，大面积教学中没必要深究，对兴趣小组可适当讲解。

活动 3：南极地区有中国的科考站，如长城站、中山站、昆仑站和泰山站等，请在地图上分别指出它们的位置。极地地区独特的科考价值是什么？你如果有机会去南极科考，会选择什么时间去以及准备什么装备呢？

（1）中国南极科考站的位置指认。

（2）科考价值：

① 南极地区拥有丰富的自然资源：矿产资源、淡水资源、生物资源。

② 提供了广阔的天然实验室。原始的自然环境为科考人员进行地质、冰川、海洋、生物、气象、天文等研究提供了场地。

（3）时间和装备。

在讨论时，教师要引导学生结合极地地区的特殊自然环境有逻辑地思考出行时间的选择以及需要携带的主要物品。

任务 2：描述北极地区的地理位置和自然环境特征。

活动 4：阅读地图，说出北极地区的地理位置。

北极地区一般指北纬 66.5° 以北地区，包括北冰洋、边缘陆地海岸带及岛屿，是一片被大陆包围的冰雪海洋。

活动 5：概括北极地区的自然环境特征。

气候寒冷，但比南极地区气温高、降水多、风力小。

活动 6：与北极地区相比，南极地区更为寒冷的原因是什么？

（1）南极地区以陆地为主，北极地区以海洋为主。

（2）南极地区海拔（地势）高，北极地区地势低。

（3）南极地区地表被冰雪覆盖，冰雪对阳光的反射率高；北极地区覆冰较少，接受太阳辐射较多。

环节二：问题分析与质疑

问题 2：如果全球持续变暖，会影响南极企鹅的生存吗？

任务 3：依据全球气温变化折线图（见图 3-1），概括近一百多年来的全球气温变化趋势。

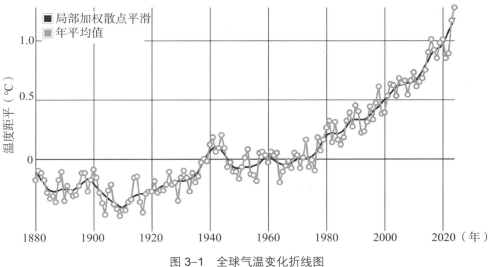

图 3-1　全球气温变化折线图

任务 4：全球变暖对南极企鹅的影响。

阅读"企鹅自画像"材料，完成下列活动。

> **企鹅自画像**
>
> 头衔：南极山大王
>
> 喜欢的环境：冰天雪地
>
> 喜欢唱的一首歌：《我是一只小小鸟》
>
> 喜欢的运动：游泳
>
> 喜欢的食物：高蛋白食物——磷虾
>
> 最不喜欢听的一句话：全球气候变暖

活动 7：写出一条包含南极企鹅的食物链：_____。

活动 8：概括全球变暖与南极冰川、企鹅的关系。

活动 9：进一步分析全球变暖对南极企鹅的影响。

全球变暖—冰川融化—企鹅的栖息地减少；南极变暖—海水升温—磷虾可能死亡—企鹅食物短缺。

活动 10：在上述活动的基础上，引导学生归纳形成以下概念性知识。

初中地理：自然环境由气候、地貌、水文、土壤、生物等自然地理要素构成，某一种要素变化会引起其他要素的变化。

初中生物学：两种生物体可能以多种方式相互作用。它们的关系可能是：生产者—消费者，捕食者—被捕食者，寄生物—寄主；还有一种生物分解另一种生物，或以其残体为食。

（说明：教师在实施本环节教学时，一定要留给学生足够的思考时间。理由如下：一是因为重要的概念性知识的形成是非常艰难的，对教师而言是如此，对学生而言更是如此；二是后面还要让学生运用这些概念性知识，在新的情境中解释全球变暖对北极熊可能产生的影响，促成他们的知识迁移。）

环节三：结论阐释与创新

问题 3：全球变暖仅仅影响南极企鹅吗？以北极地区为例，说明全球变暖对北极熊的影响。

任务 5：阅读材料，思考北极地区成为全球变暖最显著的地区与其独特的自然环境有什么关系。

材料 1：从 1960 年到 2019 年，全球平均气温升高了 1℃，北纬 90° 附近地区升高了大约 4℃。

材料 2：分析北极圈过去 43 年的观测数据后发现，北极地区变暖的速度确实比此前研究预测的要快。

小组讨论：结合北极地区的海洋环境，说明其成为全球变暖最显著地区的可能原因。

教师总结：北极地区以海洋为主，地势低，覆冰较少，接受太阳辐射较多。随着海冰面积缩小，海洋将会吸收更多的热量，从而导致北极地区变得更加温暖。

任务6：阅读材料，说说北极熊为什么能适应北极地区的寒冷环境？随着北极地区日益变暖，北极熊还能完全适应北极地区的环境吗？

材料1：北极熊的皮毛具备极佳的隔热性能，能够有效地阻挡外界的冷空气，同时保持体温。它的皮毛还具有防水特性，使其能够在水中游泳、在冰上狩猎和行动。北极熊身上有厚厚的脂肪层，脂肪层能够提供额外的隔热保护，并储存能量以应对食物供应的不稳定性。

材料2：在加拿大马尼托巴省哈得孙湾丘吉尔镇，北极熊的生活节奏与众不同。它们不冬眠，而是在冰封的海面上漫步，四处寻找环斑海豹。到了夏天，冰面融化时，它们就上岸休息。每年融冰期，都会有几百头北极熊聚集在丘吉尔镇周围，等待海冰再次形成。

小组讨论：运用结构与功能观（如皮毛、脂肪等）解释北极熊能够适应寒冷环境的原因。北极变暖，北极地区的海冰减少，北极熊觅食越来越困难，食物链存在断裂风险。北极熊无法存储足够的脂肪以维持日常能量所需，导致生存出现危机。

小结：本节课，我们以全球变暖为主题，就极地地区展开学习，尝试理解了自然环境的整体性，生物体之间、生物与环境之间相互依赖的原理性知识。希望同学们能运用这些知识解释更多的现象，比如，全球变暖对青藏高原可能产生的影响，我们可以采取哪些措施延缓全球变暖趋势，等等。

7. 学习评价（跨学科案例分析）

阅读下列图文材料，回答问题。

极地地区犹如童话般的冰雪世界，有巍峨庞大的冰盖，也有能漂浮移动的冰山，还有依赖海冰生存的北极熊。但全球变暖正在加速两极地区冰盖冰量变化（见图3-2）。

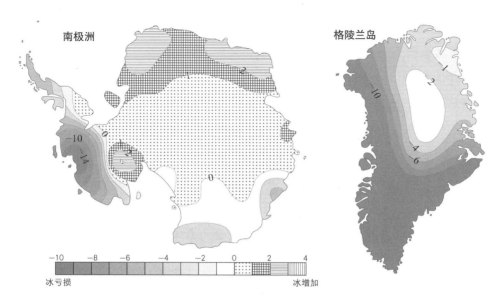

图 3-2　2003—2012 年南极地区（左）和北极地区（右）冰盖冰量变化

（1）南极大陆平均海拔超过 2000 米，被称作"寒极"。下列各项中与"酷寒"环境形成无关的是（　　　）

    A. 跨经度最广　　　　　　　　B. 地处高纬度

    C. 绝大部分被冰雪覆盖　　　　D. 海拔高

（2）下面是南极地区常见的三种企鹅（见图 3-3）。根据它们的体型大小可以判断，企鹅_____（填序号）的分布范围最可能靠近南极点，理由是：_____

_____。

图 3-3　南极地区常见的三种企鹅

（3）格陵兰岛为世界第一大岛，全岛约 3/4 的地区在北极圈内。据图判断，格陵兰岛的增温速度_____（选择"快于"或"慢于"）南极地区，理由是：_____

_____。

（4）极地变暖，北冰洋夏季海冰面积在日益缩小。以北极熊为例，简要说明全球变暖对依赖海冰生存的生物所带来的影响。

_____

_____

（5）每一份减少温室气体排放的努力都有助于防止极地变暖加剧。假如我们能重回工业革命前，你会作何选择：是要浓烟滚滚的工厂还是静谧的农田？请表达你的观点并阐释理由（三条以上）。

_____

_____

（四）案例点评

1. 设计思路明确，聚焦核心大概念

本案例的设计思路非常清晰，紧紧围绕"自然环境由气候、地貌、水文、土壤、生物等自然地理要素构成，且这些要素间相互作用，某一要素的变化会引发其他要素的变化"以及"生物体间的相互作用"等大概念展开，并分解成具体、可探究的学习主题，使得学习内容既具有宏观视野，又能够深入细节，有效覆盖了相关学科的主干知识。

2. 基于课程标准，形成具体、明确的活动目标

在设计学习活动时，本案例充分考虑了课程标准的要求，从课程目标中进一步筛选和锁定学习内容，确保学习活动的科学性和系统性。同时，结合学生的实际认知水平和兴趣点，形成了具体、明确的活动目标。这种做法不仅使得学习活动更加贴近学生的实际需求和认知水平，还有助于提升学习的针对性和有效性，确保学生在跨学科学习中能够获得全面的发展。

3. 问题导向，引导学生深入探究

本案例通过一系列核心问题和子问题，如"全球变暖对极地地区的自然环境会产生什么影响""如何准确描述极地地区的地理位置和特征"等，引导学生逐步深入探究。这些问题不仅激发了学生的好奇心和求知欲，还促使他们在解决问题的过程中不断思考、分析和推理，从而实现对大概念的深入理解和应用。这种问

题导向的学习方式，有助于培养学生的问题解决能力。

4. 分阶段学习，循序渐进地提升跨学科能力

为了促进学生深度学习，本案例将学习过程分为信息提取与处理、问题分析与质疑、结论阐释与创新三个阶段。每个阶段又设有具体的子问题和任务，任务下再细化出一系列活动。这种层级分明的设计，不仅有助于学生逐步深入理解大概念及其子概念，还通过不同阶段的学习活动，循序渐进地提升了他们的信息提取与处理能力、问题分析与质疑能力、结论阐释与创新能力等跨学科学习能力。

5. 关键环节设计巧妙，突破学习重点与难点

在本案例中，两个关键环节尤为突出：一是通过具体活动分析全球变暖对南极企鹅及其生存环境的影响，从而帮助学生深刻理解大概念"要素间相互作用"；二是以北极地区为例，探讨全球变暖对北极熊及其生存环境的影响，促成知识的有效迁移和应用。这两个环节不仅巧妙地突破了学习重点与难点，还使得学习过程更加生动有趣，增强了学生的学习体验。

二、项目式跨学科主题学习设计

（一）基本含义

项目化学习，其根基深植于建构主义、杜威实用主义以及布鲁纳发现学习等教育理论之中。据巴克教育研究所（Buck Institute for Education）所述，项目化学习是指学生在一段时间内通过研究并应对一个真实的、有吸引力的复杂问题或课题的挑战，从而掌握重点知识和技能。实施项目化学习的八大"黄金准则"是：重点知识的学习和成功素养的培养；解决一个有挑战性的问题；持续性的探究；项目要有真实性；学生对项目要有发言权和选择权；学生和教师在项目中进行反思；评论与修正；项目化学习成果的公开展示。[①] 夏雪梅指出，按照项目

[①] 巴克教育研究所. 项目学习教师指南——21 世纪的中学教学法：第 2 版［M］.任伟，译. 北京：教育科学出版社，2008.

化学习所覆盖的知识范围的大小、对学校课程的影响力度,项目化学习可分为不同的课程样态,如微项目化学习、学科项目化学习、跨学科项目化学习、超学科项目化学习。[①]

项目式跨学科主题学习汲取了项目化学习的诸多优势,是项目化学习的一种变式应用。所谓项目式跨学科主题学习是指教师依据教学目标和学生需求,构思一个既具挑战性又贴近实际的项目任务,学生需围绕此任务,融合多学科知识,展开探究、实践与创新活动,以全面提升自身的跨学科能力。其主要特点有:

基于现实问题。围绕现实生活中的真实可解决的问题展开。通过解决真实问题,学生能够更好地理解知识的应用价值,增强学习的现实意义。真实问题往往涉及多学科知识,需要学生运用多学科知识进行分析和解决,促进学生跨学科素养和问题解决能力的形成。

学习过程的探究性。鼓励学生面对未知和挑战时勇于尝试、不断探索,通过实践来验证和深化对知识的理解,激发学习兴趣和动力,学会如何与他人合作、沟通和交流,促进团队协作能力的形成。

注重效果评估。通过定期评估,教师可以及时了解学生的学习情况和项目进展,从而根据实际情况调整教学策略,优化教学内容。更重要的是,评估能帮助教师发现学生存在的问题和困难,并给予他们有针对性的指导和帮助。对于学生来说,评估不仅是对他们学习成果的检验,更是一次自我反思和成长的机会,学生能更清晰地认识自己的优势和不足。

鼓励创新创造。创新创造是项目式跨学科主题学习的精髓和核心价值。它鼓励学生不拘泥于传统思维和固定模式,勇于尝试新的方法和思路,以寻求更好的解决方案。这种敢于挑战、勇于探索的精神,不仅能帮助学生在学术上取得优异的成绩,更能培养他们的创新意识和实践能力,激发他们的创造力和想象力。

---

① 夏雪梅. 项目化学习设计:学习素养视角下的国际与本土实践[M].北京:教育科学出版社,2018.

111

（二）设计模板

1. 设计要素

（1）设计背景

设计背景应涵盖项目或设计所处的情境、缘由以及初衷，具体包括：描述项目产生的背景，如社会需求、教育趋势、实际问题等，说明为何选择此主题进行设计；阐述选择该设计主题的动机和原因，比如主题的跨学科性、对学生兴趣和综合学习能力的激发作用等；明确设计的目的和期望达到的效果，如培养学生的核心素养、帮助学生建立跨学科知识体系等。

以"夜鹭"项目为例，首先，随着城市化进程加速，野生动物栖息地逐渐减少。夜鹭作为湿地生态的关键物种，其生存状况凸显了人与自然和谐共生的重要性。本项目通过探索夜鹭的生态习性及其面临的生存挑战，唤醒公众的环保意识，推动生态文明建设，借鉴成功的生态保护案例为夜鹭保护提供实践路径。其次，公众对夜鹭认知浅显，缺乏科学理解。本项目通过多维度科普活动，如参与保护行动等，提升公众尤其是青少年对夜鹭及其生存环境的兴趣与认知，培养自然保护意识。最后，夜鹭作为跨学科主题学习案例，融合了生物学、地理等多学科知识。本项目构建综合性学习平台，鼓励学生运用多学科知识解决实际问题，培养创新思维与团队协作能力，深化对自然与人类社会关系的理解。

（2）主题描述

主题描述应聚焦于所选主题的跨学科特性、覆盖的学科领域以及对学生综合学习和探究兴趣的激发。具体来说，主题描述应包括以下要点：要清晰地提出所选主题，确保其具有足够的广度和深度，能够吸引学生的注意并激发他们的学习兴趣；要描述主题如何跨越多个学科领域，如地理、生物学等，并指出这些学科在主题中的交汇点和相互作用；阐述主题如何促进学生的综合学习，即如何引导他们整合不同学科的知识和技能，以全面、深入地理解主题。

以"夜鹭"项目为例。"夜鹭"项目围绕"湿地生态保护与夜鹭研究"这一主题展开。这一主题不仅涉及生物学中的物种保护、生态学中的生态系统平衡，还触及地理学中的湿地环境等内容。通过这一主题，学生可以全面了解湿地生态保护的多个方面，包括夜鹭的生态习性、栖息环境、面临的挑战以及保护措施等，从而形成跨学科的知识体系。同时，这一主题还能激发学生的探究兴趣，引导他们运用多学科知识解决实际问题，培养创新思维与团队协作能力。

（3）学习目标

学习目标不限于单一学科知识的传授，应侧重于培养学生的核心素养，如批判性思维、创新思维、团队协作能力、问题解决能力等。这些素养为学生未来发展奠定坚实基础，助力他们应对未来社会的挑战。同时，学习目标还应包括情感态度和价值观的培养，如激发学生对科学的热爱、培养探索精神等。

（4）概念性知识

在项目式跨学科主题学习中，学生需掌握并理解跨学科的核心概念，建构全面的知识体系。通过跨学科大概念、学科大概念等统摄性知识，学生能更深入地理解和应用具体学科知识和技能，从而提升综合素养和创新能力。以"小灵猫"项目为例，其关注的概念性知识不仅包括生物适应性、生态平衡、生物多样性，还应涉及城市化、绿地建设对动物栖息地的影响等更广泛的概念。

（5）驱动性问题

教师提出富有挑战性又极具开放性的引导问题，以激发学生的学习热情与探索的好奇心。这些问题往往紧密联系现实生活，能够引领学生踏上深度学习的旅程，鼓励他们主动挖掘知识。

以"新疆'海鲜'奇遇"项目为例，教师可以抛出问题："在遥远的新疆，我们怎样才能成功实现海鲜养殖呢？""新疆发展海鲜养殖业，该如何与当地脆弱的生态环境和谐共存？"这些问题如同一把钥匙，能够开启好奇之门，使学生在追寻答案的过程中，自然而然地跨越学科界限，汲取多方面的知识，同时锻炼解决问题的能力、批判性思维以及团队合作技巧。

（6）学习过程

项目式跨学科主题学习可分为入项活动、知识建构、探索及修订成果、结项活动等阶段。每个阶段都有明确的学习目标和任务要求，有助于学生逐步深入理解和掌握主题内容。在入项活动阶段，学生需了解项目背景、明确学习目标；在知识建构阶段，学生需学习相关学科知识，建构跨学科知识体系；在探索及修订成果阶段，学生需进行实践探索，修订和完善项目成果；在结项活动阶段，学生需展示项目成果，进行反思和总结。

（7）学习评价

项目式跨学科主题学习注重表现性评价，即通过观察学生在实际任务中的表现来评估他们的学习效果和能力水平。这种评价方式能更真实地反映学生的实际应用能力和创新能力。评价方式包括自我评价、同伴评价和教师评价等。

2. 参考模板

根据上述项目式跨学科主题学习的设计要素，形成以下简要模板：

表 3-2　项目式跨学科主题学习设计的简要模板

主题名称					
主题类型		课时		适用年级	
学校名称		执教教师		涉及学科	
学科矩阵	载体学科：_____ 相关学科：_____				
设计背景					
主题描述					
学习目标					
概念性知识					
驱动性问题					

学习过程	入项活动阶段	
	知识建构阶段	
	探索及修订成果阶段	
	结项活动阶段	
学习评价		

（三）案例设计

为农产品代言——以宁夏枸杞为例

1. 设计背景

为农产品代言是一个富有创意和实践性的项目。农产品，作为一个宽泛的概念，涵盖了诸多来自大自然的馈赠，如大米、高粱、花生以及各种地方特产。这个项目的设计初衷，主要基于以下三个方面的考虑：

（1）现实生活的真实需求

中国农业的历史性变革为我们提供了丰富的农产品，从粮食到水果，再到各种水产品，其生产能力显著增强。然而，随着大量优质农产品的涌现，市场竞争日益激烈，那么如何帮助家乡的优质农产品在激烈的市场竞争中脱颖而出呢？近年来，越来越多的村干部和政府官员纷纷为农产品代言，通过各种渠道宣传和推广家乡的农产品。这些成功的案例为我们设计"为农产品代言"项目提供了有益的借鉴。

（2）满足学生内在成长的需要

大量的优质农产品在丰富餐桌的同时，也带给孩子们很多的生活困惑。比如，五常大米是百姓餐桌上的常客。那么，五常大米的产地在哪里？它的口感好与当地的自然环境有什么关系？该水稻的生长习性是什么样的？它是如何适应当

115

地自然环境的？

此类来自餐桌上的小困惑还有很多。如陕西洛川苹果果形好、色泽鲜艳、口感纯正、风味独特，已成为一些家庭的新宠。洛川苹果以品质闻名中外，其背后的科学道理是什么呢？跨学科学习能给出部分答案吗？事实是可以的。现有研究表明，这是多因素共同作用的结果：一是与洛川县的土壤富含有机质和矿物质等有关，肥沃的土壤提供了丰富的养分；二是洛川县的气候条件非常适宜苹果树生长，昼夜温差大、日照充足、夜间温度低，这些因素使得洛川苹果口感细脆、糖度高；三是洛川县果农注重科学栽培和对新技术的应用；四是洛川县生态环境良好，这也是绿水青山转化为金山银山的具体表现。

之所以举这些例子，是想说明对日常生活中的困惑的解答有助于学生理解并迁移运用所学知识。我们有必要通过"代言"项目，让学生了解身边的农产品，不仅会吃，更要懂吃。

（3）跨学科学习的项目需要

在地理与生物学的跨学科试题中，涉及农产品的题目层出不穷。比如，新疆位于我国西北地区，有着独特地理位置、日照和气候条件，因而出产众多别具特色的农产品，如吐鲁番的葡萄、库尔勒的香梨、阿克苏的苹果等。这些都是教师用来帮助学生形成跨学科思维的载体。

这些例子告诉我们，地理与生物学的跨学科整合其实就在我们身边。教师要为学生设计一些好的活动项目，让他们在项目中增强解决实际问题的能力，而不是让他们陷入题海。这需要我们有破解困局的好项目，而"为农产品代言"就是一个好项目。

2. 主题概述

本项目通过高度开放的学习模式，引领学生深入探索为农产品代言的全方位流程与策略。学生将不仅学会如何有效地为农产品代言这一实用技能，还将在此过程中融合地理、生物学等多学科知识，以及"绿水青山就是金山银山"的可持续发展理念。通过本项目，学生将能够更深入地理解农产品的生长环境、营养价值及其背后的文化故事，从而在餐桌上轻松科普农产品知识，同时在跨学科认识上实现显著提升，为解决现实生活中的复杂问题打下坚实基础。

3. 学习目标

能从相关图文资料中提取有效信息，了解所选农产品的产地、生长周期、营养价值、市场状况以及相关的文化背景和故事等。从农产品的分布推测当地主要的自然环境特征，从枸杞的生长习性、生长条件等分析宁夏适宜种植枸杞的原因。

能够运用地理、生物学等多学科知识，为农产品设计有效的代言方案，包括品牌策划、宣传推广等。

在代言过程中培养对农业的尊重、对农民的关爱以及对家乡农产品的自豪感。同时，形成团队协作、创新思维和解决问题的能力，增强社会责任感，积极参与推广家乡农产品的公益活动，为乡村振兴贡献力量。

4. 概念性知识

自然环境各要素之间相互影响、相互作用、相互联系。地理环境影响人类活动。人类活动改变地理环境。人地协调发展。地理环境影响农业生产的熟制、方式、品种、分布等。温带大陆性气候分布地区的夏季热量和光照充足、昼夜温差较大，有利于有机质积累，农产品品质优良，但降水量少，制约了农业发展。季风气候区夏季高温多雨、雨热同期，利于农作物生长，但气象灾害较多。环境与生物。

5. 驱动性问题

为了更好地激发学生的探究欲望和学习兴趣，我们提出了两个驱动性问题：

驱动性问题1：在"绿水青山就是金山银山"的理念下，我国农产品实现了量与质的双飞跃，这深刻影响着我们的日常生活。请你选择一个具体的农产品，如东北大米、宁夏枸杞、西藏牦牛肉、新疆哈密瓜等，深入研究其生长条件、特性与价值，并完成一份"为农产品代言"演示文稿，向全班同学展示你的研究成果。

驱动性问题2：如何让你代言的农产品在众多同类产品中脱颖而出，成为消费者心目中的首选？

上述两个问题可以引导学生从多个角度思考农产品的独特性和市场竞争力，

从而为他们后续的代言活动提供有力支持。

6. 学习过程

（1）入项活动阶段

任务1：收集宁夏枸杞及其产品说明。

活动1：了解什么是农产品。

① 含义：_____。

② 下列哪些是农产品？五常大米、东北水稻、阿克苏苹果、龙井茶叶等。

农产品：_____。

活动2：如何从产品说明中提取有用信息？

① 收集宁夏枸杞图片以及相关产品说明。

② 提取有用信息，如枸杞产地及其主要特点。

枸杞产地：_____。

枸杞的主要特点（外形、口感、上浮率）：_____。

参考示例：枸杞粒大、饱满，呈长圆形，籽少肉厚，味甘甜，色泽红艳，泡水清淡，裸籽轻，泡水易上浮。

任务2：分组、分工、明确任务及评价表。

① 完成小组分工，明确主要任务。

② 讨论评价表。

（2）知识建构阶段

任务3：推测枸杞产地的自然地理环境。

活动3：选择一张空白地图，在图上用散点标注枸杞在宁夏的主要分布区域。

活动4：推测枸杞产地的自然环境特征，如地形、气候、水文、土壤等。

活动5：查找资料，验证自己的推断合理和不合理的地方，修正自己的观点。

任务4：阅读材料，了解宁夏枸杞的生长习性。结合宁夏的自然环境特征，分析宁夏适宜种植枸杞的原因。

阅读材料，讨论下列问题。

宁夏枸杞的生长习性：喜温暖，耐寒，较不耐热，生长适温15℃～20℃，能

耐 –25℃的低温。喜湿润，耐旱，怕积水。喜肥沃，较耐碱，对土壤要求不严，以排水良好的沙质壤土为宜。喜阳光，耐阴，光照充足时生长旺盛，长期在荫蔽环境下生长不良。

讨论1：为什么宁夏的土壤适宜枸杞生长？

讨论2：为什么宁夏的气候适宜枸杞生长？

讨论3：收集资料，从水源角度分析宁夏适宜种植枸杞的原因。

任务5：分析宁夏中宁枸杞品质上乘的原因。

阅读材料，讨论下列问题。

材料1：中宁县境内的土壤为清水河冲积平原淤灌土和黄河冲积平原淤灌土，土层深、温寒兼容，含有丰富的有机物质，还富含铁、锌、硒等一般土壤少有的微量元素。

材料2：中宁枸杞鲜果粒大、籽少、肉厚、色鲜红，干果皮薄、口味甘甜、药食价值高，品质超群，是唯一被载入《中华人民共和国药典》的枸杞品种，也是首批获得"地道药材"认证的枸杞品种。

材料3：宁夏枸杞有着约4000年的文化传承史。在《千金翼方》中，宁夏枸杞被唐代医学家孙思邈列为"木部上品"；明代医药学家李时珍在《本草纲目》中称其有"十全之妙"；清《中卫县志》有"各省入药杞子，皆宁产也"的记述。

讨论1：中宁县有哪些独特的自然环境？

讨论2：中宁枸杞的药用属性有哪些具体表现？

讨论3：为什么说"中宁枸杞甲宁夏"？

（3）探索及修订成果阶段

任务6：为代言的农产品撰写文本。

活动6：了解代言通识文本的主要要素。

主要要素：要代言的农产品名称；农产品的主要产地；农产品的主要特点；为什么是某地或某公司的农产品？

活动7：组织素材，形成文本。

合理组织知识建构阶段的材料，依照通识文本的提纲，形成500字以内的代言文本。

活动8：修改文本（依据评价量表做出修改）。

任务7：制作一份"为农产品代言"演示文稿。

活动9：阅读下列材料，了解制作一份"为农产品代言"演示文稿的主要要求。

要点一：确立核心主题。在动手制作演示文稿之前，首要任务是明确自己的展示焦点——一种特定的农产品，并且以该农产品的推广者身份进行演示。

要点二：规划版面设计。要精心安排演示文稿上的各项内容，如标题、正文、图片、表格等，确保它们既和谐统一又重点突出。产品实拍、生产流程记录、数据图表分析等可以让你的演示文稿更加鲜活、直观。

要点三：精简文案。在撰写文案时，应力求简洁明了，避免使用晦涩难懂的专业词汇，确保观众能够轻松理解你所传达的信息。

要点四：细致打磨。完成演示文稿制作后，别忘了进行最后的审查与调整，从文字表述、图片清晰度到数据准确性，每一个细节都需仔细核对。

活动10：制作"为农产品代言"演示文稿。

学生在教师指导下修改文字、补充图片、设计演示文稿的页面布局。

活动11：小组讨论并修改。对照评价表中的要求，检查演示文稿的结构是否清晰、内容是否重点突出等。

以小组为单位讨论对方所制作的演示文稿的优缺点，并提出修改建议。每个小组根据建议再次修改演示文稿。

（4）结项活动阶段

任务8：开展成果交流活动。

以小组为单位，开展一次成果交流活动。

任务9：反思评价。

反思自己在小组活动中的总体表现，正确评价自己的行为，肯定已有的收获，改正不足之处。

7. 学习评价

表 3-3　"为宁夏枸杞代言"评价表

任务	水平等级表现	赋分	学生自评	教师评价
宁夏适宜种植枸杞的原因分析	水平3：能从土壤、气候、水源等多个角度深入分析宁夏适宜种植枸杞的原因，逻辑清晰	5		
	水平2：能从两个角度分析宁夏适宜种植枸杞的原因，但不够深入或全面	3		
	水平1：能简单提及宁夏适宜种植枸杞的一些原因，但缺乏深度和广度	1		
文本撰写	水平3：独立完成资料收集，文本观点新颖、重点突出	5		
	水平2：独立完成资料收集，文本主题比较突出	3		
	水平1：无法独立完成资料收集，文本结构混乱	1		
演示文稿制作	水平3：小组合作完成、结构清晰、内容重点突出	5		
	水平2：小组合作完成，但结构不够清晰、内容重点不突出	3		
	水平1：结构混乱	1		
总分				

（四）案例点评

1. 激发学生的爱国情怀

本案例以为农产品代言活动为切入点，不仅让学生看到了我国农业发展的辉煌成就，更深刻理解了这些成就背后的艰辛与努力，从而有效激发了学生的民族自豪感和爱国情怀。通过融入公益元素，为农产品代言，本案例进一步增强了学生的社会责任感，鼓励他们为推广家乡农产品贡献力量。

2. 选题与大概念联系紧密

本案例从"地理环境为人类活动提供资源，地理环境影响农业生产的熟制、方式、品种、分布等"这一大概念出发，通过与现实生活的紧密关联，萃取了"为农产品代言"这一具有吸引力的主题。这样的设计不仅使学生能够更好地理解大概念，还激发了他们的学习兴趣和参与的积极性。

3. 驱动性问题真实有效

本案例中的驱动性问题设计得十分巧妙，紧密围绕大概念为学生创造了一个真实、有意义的学习情境。学生在为农产品代言的过程中，深入了解了农产品的特性、生长习性和生长条件，这促进了他们对大概念的深入理解和应用。

4. 学习活动层层递进

学习活动的设计是本案例的一大亮点。通过将学习过程分为入项活动阶段、知识建构阶段、探索及修订成果阶段和结项活动阶段，以及一系列具体可行的任务和活动设计，学生得以在逐步深入的学习过程中不断加深对大概念及其子概念的理解。

把学习过程分为四个阶段，每个阶段下设计若干任务，每个任务下再设活动，即形成三个层级：阶段—任务—活动。学生通过三个层级的学习，能够深入理解大概念及其子概念，对大概念及其子概念的应用能力也得到了提升。

在进行具体活动设计时，要特别关注两点：一是本活动是驱动性问题下的活动；二是活动设计要能促进大概念的建构与应用。

入项活动阶段：初现大概念。学生需要收集关于农产品的有效信息，如农产品的产地、主要特点等。经过对农产品的了解，选出要代言的农产品，比如本案例中的宁夏枸杞。通过该阶段的一系列活动，学生要学习的概念性知识已经蕴藏其中。

知识建构阶段：建构大概念。本阶段学生需要完成以下任务：推测宁夏枸杞产地的自然地理环境；了解宁夏枸杞的生长习性；分析宁夏适合种植枸杞的原因；分析宁夏中宁枸杞品质上乘的原因。通过这些任务，学生习得的大概念知识有：自然环境的整体性；地理环境影响人类活动；生物与环境相互依赖、相互影响；生物与非生物环境相互作用；生物适应和影响环境。

探索及修订成果阶段和结项活动阶段：应用大概念。学生用获得的知识为所代言的农产品撰写文本材料，并制作一份结构清晰、内容重点突出的演示文稿，向同学们展示研究成果。在这两个阶段，学生把前面所获得的概念性知识进行再应用。

5. 学习评价贯穿始终

本案例采用表现性评价为主的方式,重点关注学生在主要任务中的表现。这样的评价方式不仅能够全面、客观地反映学生的学习成果,还能够促成他们对大概念的深入理解和应用。通过对学生在推测枸杞产地的自然地理环境、分析宁夏适宜种植枸杞的原因、撰写农产品代言文本和制作演示文稿等任务中的表现进行评价,教师可以及时了解学生的学习情况,并给出有针对性的反馈和指导。

三、研学式跨学科主题学习设计

(一)基本含义

研学旅行,这一新兴的教育模式近年来赢得了广泛的关注与认可。学生在教师的悉心指导下,通过实地考察等多种方式,将课堂理论知识与实践活动紧密结合,不仅极大地拓宽了视野,还有效地激发了学习兴趣,提升了实践操作能力。

研学旅行与跨学科学习之间存在着紧密的联系。首先,它促进了跨学科内容的有机融合。由于研学旅行通常涉及多个学科的知识,学生通过实地观察,能够更直观地理解并掌握不同学科之间的内在联系,从而推动跨学科的综合学习。其次,研学旅行注重实践体验,让学生在真实的情境中亲自动手操作和探索。这种学习方式相较于传统的课堂教学,更能激发学生的学习兴趣。再次,研学旅行将学生从封闭的教室带到广阔的自然和社会环境中,极大地拓宽了他们的学习视野,同时也提供了更为丰富多元的学习资源。因此,研学旅行与跨学科教学的结合,共同孕育了"研学式跨学科主题学习"这一学习形式。

所谓研学式跨学科主题学习,是指教师根据教学目标和学生的学习需求,精心设计一个既具有研究性又有实践性的研学主题。学生需围绕这一主题,通过实地考察等方式,开展相应的学习活动。历经这样的过程,学生不仅要运用单学科知识,还需跨学科地整合新知识,进而形成问题解决能力。其主要特点有:

跨学科性。如在"河流探索"这一研学主题中,学生不仅需要运用地理知识来了解河流的水文特征等,还需要结合生物学知识来分析河流中的生态系统、生物种类及其相互关系。此外，历史和社会学等学科的知识也可以融入其中，帮助学生更全面地理解河流在人类文明和社会发展中的作用。

实践性。在"河流探索"这一研学主题中，学生不再仅仅通过书本和课堂来学习知识，而是亲身参与到实践活动中去。他们可以通过实地考察、观察记录、实验操作等方式，深入了解河流的实际情况。这种实践性的学习方式不仅能够锻炼学生的动手能力，还能够提升他们的问题解决能力和创新能力。例如，在进行水质检测时，学生需要学会使用检测工具，分析数据，并根据分析结果提出改善水质的建议。

开放性。在"河流探索"这一研学主题中，学生可以走出教室，走进大自然，亲身感受河流的美丽与神奇。他们可以通过采访当地居民、查阅相关资料等方式，了解河流的历史变迁、文化价值等，从而拓宽视野，丰富知识储备。

（二）设计模板

1. 设计流程

（1）规划研学方案

首先，应确定研学主题、选择研学地点，依据由点到线再到面的方式设计研学路线。研学路线初拟后，要提前"踩点打探"，优化调整路线，以确保各研学点位具有多学科的研学价值，减少不必要的时间和费用消耗，确保方案的可行性和合理性。其次，研学中会遇到各种各样真实、不确定、开放式的问题，能否解决、如何解决，这也是研学方案中要考虑的问题。

（2）编写研学手册

研学手册是研学式跨学科主题学习重要的学习载体，它能将活动过程具体化、活动成果实物化，还能为学生提供研学旅行中的思维支架和资源支持。

研学手册的设计原则包括：内容全面，逻辑清晰；图文并茂、形式新颖；过程导研、任务明确；美观实用、方便携带；寓教于乐、值得收藏。除了形式上的推陈出新、别具一格，研学手册更重要的是结构内容（见图3-4）的科学合理、严谨规范，要起到导航学习方向、管理学习信息、记录学习轨迹的作用。

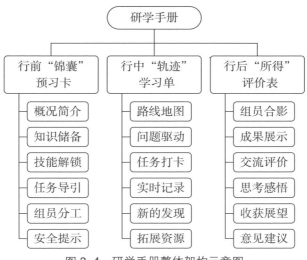

图 3-4　研学手册整体架构示意图

（3）开设行前指导

组织学生开展行前指导活动，依据研学手册讲解研学主题内容、提示必备知识技能、布置安排研学任务、组建研学合作小组，引导学生用具象化的方式构想研学场景，理解研学目的，明确研学点位，思考研学模式，分析研学收获，为沉浸式参与研学全过程奠定基础。激发学生兴趣和内驱力的同时，还可强调研学之旅的安全须知及注意事项。安全无小事，保证学生和教师的人身安全和财产安全，是顺利开展研学旅行活动的重要前提和保障。

（4）实施过程导研

经过充分的前期准备，教师即可带领学生开展研学旅行的实践活动，发挥研学手册导读、导听、导思、导学的作用，进一步明确研学主题、目标与内容；学生以小组合作的方式集智聚能、共同思考核心问题的破解之道、解决之法。

除了完成预设的任务外，教师还应注重学生在研学过程中生成的"奇思妙想"，持续启发学生思考和提问，与学生积极互动、思辨对话，采用灵活的现场教学方式、灵敏的即兴讲解方法，为学生提供个性化的指导，在复杂的户外研学教学中真正做到因地制宜与因材施教。

（5）开展研学评价

研学式跨学科主题学习的评价形式应该依据研学旅行的具体内容而定，结合研学手册的设计过程，在出行前确定对应的评价方案，明确评价标准，设计评价内容，制作评价量表，将学生参与研学时的表现、物化的学习产品等作为评价重点，同时对其在学习活动中的能力、情感态度和价值观等方面予以综合性评价。在具体实施过程中，教师要基于评价标准丰富评价主体、创新评价方式，如点赞、积分等，以传统的纸质评价表与在线问卷软件双线混融的评价形式，形成学生自评与互评、导师评、家长评相结合的评价体系，促进学生不断认识自我、发现自我、完善自我，激发学习的内驱力，全面提升核心素养。

（6）分享研学成果

诺贝尔物理学奖得主费恩曼将其成功归因于高效的学习方法，即"输出倒逼输入"。他强调让学生代入教师的角色，主动去教别人。当一个人能够把复杂的知识通过简单的语言教给其他人的时候，这就表明他是真正掌握了。可见，小论文、调查报告、随笔、摄影作品、特色主题地图、个性化研学手册等研学成果的物化过程实际上是跨学科主题学习结果的输出过程，可以有效避免研学旅行中"学游失衡"的矛盾。

学生对自己所记录的过程性资料进行及时的整理，特别是将研学过程中的所见、所闻、所思、所想等具体成果以小组为单位进行分享，借助学校或社区艺术节、科技节、社团活动、科普宣传等广大师生喜闻乐见的形式进行展出交流，有助于他们感受成功、体验喜悦、协作共勉。

2. 简要模板

根据上述研学式跨学科主题学习的设计流程，形成以下简要模板：

表 3-4　研学式跨学科主题学习设计的简要模板

主题名称				
主题类型		课时		适用年级
学校名称		执教教师		涉及学科
学科矩阵	载体学科：_____ 相关学科：_____			

（续表）

主题描述	
课程标准	
学习目标 （明确性）	
研学方案 （整体规划）	
研学手册 （框架提纲）	
行前指导 （要点梳理）	
研学过程 （流程图）	
研学评价 （多维量表）	
研学成果 （具体形式）	

（三）案例设计

獐

1. 主题描述

上海松江叶榭獐极小种群恢复与野放栖息地地处上海市松江区叶榭镇团结村，位于黄浦江上游水源涵养林。基地一直致力于通过生态修复和环境保护打造林、水、草、獐、鸟、人和谐共生的生态发展格局。该案例曾作为代表案例入选联合国《生物多样性公约》缔约方大会第十五次会议（COP15）"上海日"主题展示活动，为全球生物多样性保护提供了"上海灵感"。

上海松江叶榭獐极小种群恢复与野放栖息地活跃着 70 多头獐，它们自由地觅食栖息、繁衍后代。除了种植獐喜欢吃的黑麦草之外，工作人员还进行了地形重塑、水系沟通等栖息地环境优化。这里不仅常有獐出没，还记录到超过 100 种植物，统计到两栖类、爬行类、鸟类和兽类动物 30 余种，成为野生动植物名副其实的乐园。

作为松江区区级环境教育基地之一，上海松江叶榭獐极小种群恢复与野放栖息地集选育扩繁、野放栖息、科普教育等功能于一体，就像一所天然的林地袖珍博物馆。市民可通过微信小程序提前预约，入内参观，近距离观察大名鼎鼎的"社恐獐"。基地内的"獐"显不凡科普馆分为上下两层，由"獐的简介""回归之路""致危因素""科普教室"四个展示区组成。除了丰富有趣的常设互动项目之外，基地还经常举行环境教育类公众活动，参观者可以亲临感受"人与自然和谐共生"的生动场景。

本次研学活动以"獐的重引入"为情境素材，说明生物的生活离不开一定的环境。在一定的空间范围内，生物与环境相互依赖、相互影响，共同构成了生态系统。通过融会贯通地理、生物学、物理、道德与法治等学科的大概念，学生可以初步掌握运用生态学概念和原理综合分析关于城市生态系统多样性问题的能力，了解监测管理野生动物的主要方法（如使用红外相机等），走访调查基地周边村民对野生动物的态度以及对相关法律法规的知晓程度，进而认同并积极参与生态文明建设。

2. 课程标准

（1）课程目标

生物与环境的关系。

生态系统在组成、结构和功能上是一个有机整体。

在真实情境中发现、分析并解决问题的能力。

实验探究、调查访谈、分析讨论、设计制作等。

积极参与生态文明建设：关注生态安全、增强法治观念、提升责任意识。

（2）内容要求

了解獐作为本土物种在上海地区一度"销声匿迹"的主要原因，认识到生态系统的自我调节能力有限。

围绕"为什么重引入的獐能在叶榭基地安居乐业"这个核心问题，以小组合作的形式参与相关任务活动，完成研学手册，理解生物与环境之间相互依赖、相互影响，认同保护环境的重要价值和意义。

以上海地区"獐的重引入"为例，了解维护生态安全的具体措施，形成热爱自然、敬畏自然的情感，树立人与自然和谐共生的生态观，树立生态文明理念。

（3）学业要求

从结构与功能的角度，阐明生态系统是在一定的空间范围内，生物与环境相互作用构成的有机整体。

（4）跨学科问题解决能力

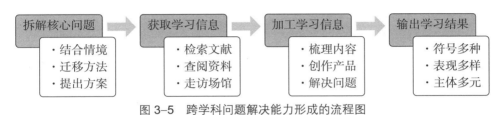

图 3-5　跨学科问题解决能力形成的流程图

3. 学习目标

（1）育人价值

能从要素综合、跨学科的视角来认识世界，发展信息提取与处理、问题分析与质疑、结论阐释与创新等能力。

树立生态安全意识和生态文明理念，能主动参与环境保护实践，成为美丽中国的建设者。

（2）活动目标

结合相关图文资料，了解獐适宜的栖息地应具备的主要自然环境条件，分析獐种群恢复与野放的基本流程，增强信息提取与处理能力，构建严谨求实的科学思维。

结合图表资料，概括獐的重引入与提升上海城市生态系统生物多样性的关系，运用地理和生物学大概念，解释城市中人与自然如何实现和谐共生，提高对跨学科问题的研究能力。

在新的情境中，运用所学知识说明本土物种回归与复壮的生态价值和意义，并提出一些建设"生态之城"的合理化建议。

4. 大概念及其子概念

（1）初中地理

自然环境各要素之间相互影响、相互作用、相互联系。有些人类活动会破坏生态环境，如乱砍滥伐、乱捕滥杀、填湖造地等。气候变化对生物的影响（如改变物种的地理分布范围，影响种群大小；动物物候期提前，如羽化时间、繁殖产卵时间、迁徙日期等；影响繁殖能力和繁殖欲望、影响冬眠行为）。

（2）初中生物学

生物体之间、生物与环境之间相互依赖、相互影响。生态系统的自我调节能力有限，保护生物圈就是保护生态安全。

5. 内容设计

（1）设计框架

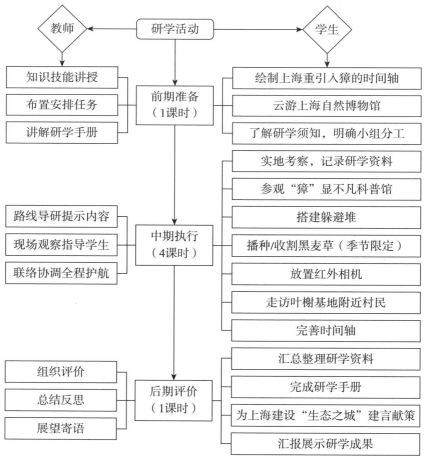

图 3-6 研学活动设计框架

（2）核心问题、子问题及任务群

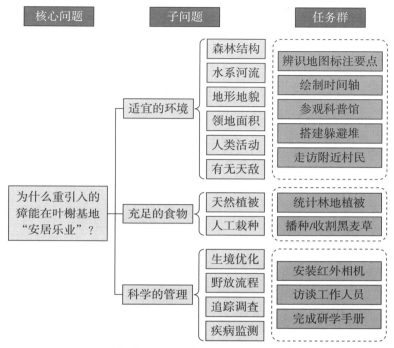

图3-7 核心问题、子问题及任务群

6. 活动设计

【研学前活动：初现大概念】

（1）概况简介

上海松江叶榭獐极小种群恢复与野放栖息地地处上海市松江区叶榭镇团结村，于2004—2005年建立，位于黄浦江上游水源涵养林。区域内生态基底良好，场地存在大面积林地草地生境，滨水空间丰富，受人类活动影响小。该栖息地作为国家二级保护动物獐的天然栖息地，基本实现了重引入獐种群在近自然条件下的扩繁。

（2）知识储备

走近上海"原住民"——獐

材料1：獐（*Hydropotes inermis*）是偶蹄目鹿科哺乳动物，体型较小，清晨黄昏时多见"獐出没"，行动常为蹿跳式，十分敏捷。獐常栖息于山地、草坡、灌丛，以及河岸和湖边的沼泽湿地或芦苇丛中，鲜嫩多汁的树根、树叶是它们的最爱！獐的最大特点是雌雄都无角，雄獐上犬齿发达，突出口外成"獠牙"。但特别反差萌的是，獐平时特别胆小，两耳直立，感觉灵敏，善于隐藏，棕黄色、灰黄色的皮毛是很有效的"迷彩服"，一旦发现危险，立刻"秒遁"，人难以靠近，可以说是"社交恐惧症患者"。

材料2：獐是远古以来上海就有的动物，可谓"原住民"。它的历史可以追溯到新石器时代，历史上曾广泛分布于辽东半岛、华北平原及长江两岸和朝鲜半岛。上海的崧泽、广富林遗址中都发现过獐牙化石、獐的骸骨。但随着上海城市化发展，獐的数量越来越少，直至再也没有野生记录，这一消失就将近100年。自2006年启动獐的重引入项目，经过将近二十年的不懈努力与坚持，目前上海已基本实现獐种群持续的稳定繁殖及扩大。

活动1：登录上海自然博物馆官网，找到"上海故事"全景展区，开启在线虚拟漫游，从海陆变迁、动植物主要类型、地质特点等方面全方位了解上海的自然环境、生物种类等概貌。

活动2：参照下图样式绘制上海重引入獐的时间轴，并归纳重引入獐项目取得阶段性成功的原因。

图 3-8　上海重引入獐的时间轴

（3）技能解锁

请提前在手机上安装"形色""懂鸟""百度 / 高德地图""KEEP"等 App 软件。

（4）任务导引

自主阅读研学手册并填写个人信息、小组分工等基础信息；认真听教师讲解，了解此次研学之旅的目标、任务和内容，思考研学成果的具体形式。

（5）组员分工

4～5 人为一组，确定组长、组员及任务分工。组长：协助教师组织管理；组员：摄影摄像、查看地图路线、走访、录音、发放问卷、物化研学成果、展示发言等。

（6）安全提示

听从基地工作人员的指挥，不擅自行动，按照指定的时间、地点集合，集体出发、集体返程；以小组为单位，在教师的带领下开展活动，认真听工作人员的科普讲解，文明参观，不大声喧哗，不追逐打闹；栖息地内水系纵横，请远离堤岸，谨防落水；獐天性胆小，远观即可，和其他野生动物也要保持一定的距离；携带手机，便于及时联系，预存教师、家长的应急联系电话。

【研学中活动：建构大概念】

（1）问题驱动

根据科研人员的调查统计，截至 2021 年年底，上海松江叶榭獐极小种群恢复与野放基地内活跃着不少于 70 头獐，远远超出最初设立的"野放的 30 头獐，能建立起可自我繁殖的野外种群，并保证獐存活率不低于 90%"的建设目标。

核心问题：为什么重引入的獐能在叶榭基地"安居乐业"？

驱动问题 1：环境是否适宜？

从森林结构、水系河流、地形地貌、领地面积、人类活动、有无天敌等方面开展实地考察，走访团结村村民以及基地的工作人员，深入了解栖息地的整体环境。

驱动问题 2：食物是否充足？

栖息地内有哪些天然的植被？是否满足了獐的食物需求？随着保护力度的

加大，"獐"丁兴旺，但属于典型亚热带季风气候的上海四季更替明显，特别是秋冬季仅依赖天然涵养林不能满足獐的口粮问题，如何通过人工栽种补充新鲜绿植呢？

驱动问题3：如何科学管理？

从生境优化、野放流程、追踪调查、疾病监测等方面了解相关的内容。

（2）任务打卡

在导览地图上标注植被分布、水系河流、领地面积、人类活动等信息；参观"獐"显不凡科普馆中的四个展区——"獐的简介""回归之路""致危因素""科普教室"；以小组为单位，开展为"社恐獐"搭建躲避堆的活动；围绕牢固度、安全性、适宜性三个要点，从选材、选址、大小、高度、结构等方面进行讨论并确定方案，并加以实践操作，验证可行性；使用"形色"等App识别并记录叶榭基地内主要的植被种类、数量，考察森林的垂直结构，归纳整理天然林中獐的食源植物状况；根据研学时间，开展播种或收割黑麦草的季节限定类活动，为獐提供优质牧草的同时，体会劳动的艰辛和快乐，感悟基地工作人员的辛苦与付出；了解定位项圈、红外相机的拍摄原理及主要功能，开展红外相机的安装活动，体验户外生态研究的主要方法和步骤；走访基地附近的村民，了解普通民众对于重引入獐项目的态度、意见或建议。

（3）实时记录

表3-5　叶榭基地野生动物调查表

叶榭基地野生动物调查表				
调查人员：_____		调查日期：_____		调查时段： 上午/下午/晚上
调查区域：_____		调查方式：_____		调查小计： _____种
序号	动物名称及数量	发现地点	所属类群	行为特征
1	獐1头	灌木丛	哺乳动物	休憩

（续表）

叶榭基地野生动物调查表				

表 3-6　叶榭基地植被统计表

叶榭基地植被统计表				
序号	植物名称	类型	所属类群	备注
1	水杉	乔木	裸子植物	主要为行道树

（4）附录

关于社区居民对野生动物态度的调查问卷

近年来，城市中人与野生动物相处的问题引发了越来越多的讨论，本问卷旨在了解社区居民对野生动物的感受和态度，为后续的研究与保护提供参考。

完成本问卷大约需要5分钟。填写的一切信息仅供野生动物研究与保护使用。

非常感谢您的支持！

调查日期：_____ 调查对象：_____ 访谈人：_____

1.【多选】您是否见过以下动物？

图 3-9 貉   图 3-10 獐

（   ）   （   ）

2. 如果您见过貉，请问当时的具体情况是怎样的？

具体的时间、地点，貉的数量，您和貉之间的距离，当时您在做什么，您和貉之间有没有互动或发生有趣的故事？（如有）

_____

_____

3. 如果您见过獐，请问当时的具体情况是怎样的？

具体的时间、地点，獐的数量，您和獐之间的距离，当时您在做什么，您和獐之间有没有互动或发生有趣的故事？（如有）

_____

_____

4.《上海市野生动物保护条例》已于2023年10月1日起正式施行,您觉得上海在建设"生态之城"的过程中,还可以采取哪些举措或方法促进人与动物的和谐共生呢?

___

___

【研学后活动:应用大概念】

各个小组汇总整理研学资料。

学生各自完成研学手册,教师鼓励学生尝试个性化演绎和呈现。

学生结合研学之旅的所见所闻、所思所想、所感所悟,为上海建设"生态之城"建言献策。

教师组织开展研学评价,学生根据活动中自己的表现和小组其他成员的表现进行评价,包括自评和互评,更加客观、全面地反映研学活动期间的收获和成长;教师结合研学前、研学中和研学后的观察,进行客观评价,给予学生个性化的建议和指导。

返校后,教师组织学生汇报展示研学成果,并结合此次研学之旅为今后开展跨学科主题学习活动提出意见或建议。

7. 学习评价

表3-7　研学表现性评价表

研学阶段	研学的表现性评价及分值			评价结果		
	评价要点		分值	自我评分	同伴评分	教师评分
准备阶段	• 明确此次研学活动的主题、任务、内容以及相关学科课程的学习要求 • 自主查阅文献资料,对上海地区獐的重引入项目有一定的认识和了解 • 具备本次研学需要的安全知识和文明礼仪,能够准备合适的研学工具		30			

（续表）

研学阶段	研学的表现性评价及分值		评价结果		
	评价要点	分值	自我评分	同伴评分	教师评分
实施阶段	• 借助研学手册和信息化工具，在真实情境中获取多学科知识 • 积极参与考察、访谈、调查、参观等活动，能提出创造性意见或建议 • 研学中具有探究意识和质疑能力，能提出契合研学主题的问题，和小组同学开展交流研讨 • 遵守公共秩序，有良好的专注力，乐于合作，积极分享	40			
总结阶段	个人表现 • 能基于研学中获得的资料，运用并融合相关学科的大概念，形成表达自己观点的作品 • 研学成果形式多样、内容科学真实、过程清晰流畅、总结具体得当 • 推介或说服他人接纳自己的计划方案	20			
	团队力量 • 有明确的共同目标和成果意识 • 组员分工明确，各司其职，高效运转 • 组员积极投入，认真完成研学的各项任务和要求 • 组员配合默契，在协作中不断加深对彼此的了解，确保有效沟通、互相信任	10			
总分		100			

（四）案例点评

1. 设计思路清晰

本案例以"生物与环境相互依赖、相互影响"这一大概念为支点，聚焦"为什么重引入的獐能在叶榭基地'安居乐业'"这一核心问题，充分利用上海松江叶榭獐极小种群恢复与野放栖息地的科普资源、区位特点、生态优势、环境条件、社会人文等要素，从适宜的环境、充足的食物、科学的管理等不同角度，规划研学方案、编写研学手册、实施研学实践、评价研学成果，指导学生立足跨学科视角，在探究实践中观察事实、采集证据、完善方案、分享观点、评价成果，经历一次相对完整的研学式跨学科主题学习活动，进而达成知行合一，做中学、用中学、创中学的学习目标，提升学生在真实情境中发现问题、分析问题、解决问题的能力。

2. 注重真实体验

重引入的獐能否适应新的生活环境？判断野生动物重引入项目成功与否的标准是什么？科研人员如何实现既不打扰野生动物的生活，又全年无休地进行种群监测与管理？未来，如果獐的数量越来越多，会不会出现资源短缺、领地受限、种内斗争加剧或与附近村民产生冲突的问题呢？学生在校外的学习空间中产生的诸多思考，反映了他们正在经历认知真实世界、解决生活中实际问题的"有意义的学习"，指向的是高阶学习能力的"养成"和"生长"。这样的学习不是在传统封闭式的课堂中刻意而为的，而是学生充分利用真实的学习资源、学习材料和工具，在各领域专家和专业人士，如本案例中基地的科研人员的指导下自然生发的，实现了学习与生活的融通。在此前提下，学生的研学成果必然与真实生活相关，为解决实际问题提供思路或方案，可以充分利用校内外的资源、平台，面向更广泛的受众进行展示和分享，提升学生学习的获得感和幸福感，这远比纸笔测试和分数更能唤醒与激励学生的学习内驱力和团队协作能力。

3. 倡导互动学习

从研学前的分工协商到研学中的互动协作，再到研学后的分享交流，小组合作的学习形式鼓励学生之间、师生之间、学生和专家之间进行高频次、有深度的沟通与互动，培养学生的思考与表达能力，实现由无序向有序的提升、由疏漏向严密的提升、由散点向结构化的提升。"互动"意味着对话、倾听与表达，在鼓励全体学生积极参与、提出建议和方案的同时，更有助于培养学生相互倾听的意识和听懂别人话语的能力，在协同中实现共同成长。

4. 敢于质疑表达

搭建躲避堆、安装红外相机、走访附近村民、种植或收割黑麦草等一系列具有挑战性和启发性的任务，不是简单照搬教材中的内容，而是在獐栖息地日常工作的点点滴滴中，引导学生像科研人员一样思考持续提升重引入獐项目生态效益和社会效益的措施和方法，更鼓励学生基于事实证据和科学推理质疑不同观点和结论，进行检验和修正，进而提出创造性见解，不盲从权威，不迷信已有观点，培养学生的创新思维和解决问题的能力。

四、实践式跨学科主题学习设计

（一）基本含义

《义务教育课程方案（2022年版）》将"变革育人方式，突出实践"作为落实培养目标的基本原则之一，明确提出："加强课程与生产劳动、社会实践的结合，充分发挥实践的独特育人功能。突出学科思想方法和探究方式的学习，加强知行合一、学思结合，倡导'做中学''用中学''创中学'。"《教育部等十八部门关于加强新时代中小学科学教育工作的意见》也着重指出，科学教育重在实践，激发兴趣，推动基于探究实践的科学教育，使学生在广泛的实践活动中自觉获取科学知识、培养科学精神、提升科学素质。

在素养培育的强劲驱动下，教育工作者要积极引导学生突破传统课堂教学的局限，鼓励他们通过参与多样化的实践活动，主动探索、发现和创造。同时，社会发展也使得单一学科的知识难以满足解决复杂问题的需求，跨学科学习成为教育领域的新趋势。教师开始设计更具主题性、综合性的跨学科项目，使学生能够在解决实际问题的过程中，灵活地运用多学科知识和技能，以适应未来社会发展的需要。

在此背景下，实践活动与跨学科学习的有机结合，共同促进了实践式跨学科主题学习的兴起。所谓实践式跨学科主题学习，是指教师根据教学目标和学生的学习需求，精心设计一系列具有实践性的学习活动。这些活动不仅要求学生动手实验和探究，还鼓励他们灵活运用多学科知识，以解决实际问题为导向，将理论知识与实践紧密结合。下面以"'蔬'香校园养成记"为例，说明其主要特点：

实践性。在该项目中，学生不仅通过文献检索和问卷调查了解了蔬菜种植的重要性和意义，还实地走访了现代化农业园区，零距离感受了现代农业技术。在设计蔬菜园地时，学生使用地理工具进行实地勘察，并绘制了设计简图。在实施阶段，学生亲手搭建了种菜装置，配置了栽培基质，进行了播种和养护管理。这些实践活动让学生将理论知识与实际操作紧密结合，深入理解了蔬菜种植的全过程。

创新性。该项目鼓励学生充分发挥创造力和想象力。在设计蔬菜园地简图和种菜装置时，学生需要运用跨学科概念，创造性地利用简易材料来设计。在这个过程中，学生不仅锻炼了创新思维，还学会了如何将不同学科的知识融合应用。此外，在收获种植成果后，学生还撰写了不同形式的实践活动报告，并组织了校园蔬菜展销会等成果展示活动，这些都是学生创新能力的体现。

体验性。从了解"蔬"香校园到设计、打造再到推荐，学生全程参与了整个项目。他们不仅亲身体验了蔬菜种植的全过程，还通过实地走访、亲手操作、观察记录等方式，感受到了蔬菜生长的奇妙变化。在收获种植成果时，学生更是亲手采摘了蔬菜，品尝了自己的劳动成果，这种深度体验让学生更加珍惜劳动成果，也更加热爱大自然和生命。

（二）设计模板

1. 设计要素

（1）主题描述

本部分对所探讨的主题或课题进行全面而深入的介绍，包括其背景、意义、核心要点以及与其他相关主题的联系。通过主题描述，读者可以对整个内容形成清晰而全面的认识。

（2）课程标准

此部分内容来源于相关学科义务教育课程标准（2022年版），阐述针对该主题或课题的相关内容，如课程目标，明确指出学生学习该主题后应达到的总体目标；内容要求，具体说明学生应掌握的知识点和技能；学业要求，规定学生在学业上应达到的标准，如作业、考试等方面的要求；跨学科问题解决能力，强调培养学生的跨学科问题解决能力，即学生能够运用多学科知识和方法，解决实际生活中遇到的问题。

（3）学习目标

基于课程标准，具体阐述学生在学习该主题或课题后应达到的学习目标。这些目标将与学习内容和教学活动紧密相连，确保学生能够明确自己的学习方向和重点。

（4）大概念及其子概念

介绍与主题或课题相关的大概念及其子概念，帮助学生搭建完整的知识框架。大概念是学科中的核心思想或原理，而子概念则是对大概念的进一步细化和分解。

（5）内容设计

结合多元化的课程资源，如课本、网络资料、生活实例等，设计丰富的教学内容。这些内容密切联系学生的日常生活，使学生能够将所学知识应用于实际问题解决，提高学习的兴趣和积极性。

（6）活动设计

规划一系列的教学活动，包括准备阶段、实施阶段和总结阶段的具体活动安排，以促进学生对大概念的理解和掌握。准备阶段：初现大概念——通过引入大概念和相关背景知识，激发学生的学习兴趣和好奇心。实施阶段：建构大概念——通过深入讲解、案例分析、实验操作等多种方式，帮助学生逐步理解和掌握大概念。总结阶段：应用大概念——总结回顾所学知识，引导学生将大概念应用于实际问题解决，提高应用能力。

（7）评价设计

明确评价学生学习效果的方式和标准，包括课堂表现、作业完成情况、考试成绩以及跨学科问题解决能力等多个方面。通过评价设计，教师可以及时了解学生的学习状况，调整教学策略，提高教学效果。同时，评价设计还注重学生的自我评价和同伴评价，以培养学生的自我反思和合作能力。

2. 简要模板

根据上述实践式跨学科主题学习的设计要素，形成以下简要模板：

表 3–8　实践式跨学科主题学习设计的简要模板

主题名称						
主题类型		课时		适用年级		
学校名称		执教教师		涉及学科		
学科矩阵	载体学科：＿＿＿＿＿＿＿＿＿＿＿＿＿＿＿＿＿＿＿＿＿＿＿＿＿ 相关学科：＿＿＿＿＿＿＿＿＿＿＿＿＿＿＿＿＿＿＿＿＿＿＿＿＿					
主题描述						
课程标准						
学习目标 （明确性）						
大概念及其 子概念						
内容设计 （适切性）						
活动设计 （多样性）						
评价设计 （有效性）						

（三）案例设计

"蔬"香校园养成记

1. 主题描述

校园里的种植园地是学生接触大自然、探索生命奥秘、激发探究兴趣的鲜活"教材"和有效载体。《义务教育生物学课程标准（2022 年版）》分别在"植物的生活"和"生物学与社会·跨学科实践"中将相关内容列为学习活动建议或可供选择的跨学科实践活动项目。《义务教育劳动课程标准（2022年版）》在"农业生产劳动"任务群中建议"开辟校园农业劳动区，分班级管理""以一个月或一学期为一个周期，开展种植或饲养成果展示和经验分享活动"。

通过打造"蔬"香校园，学生在"做中学""学中做"，综合运用多学科（主要涉及地理、生物学）知识和方法，探究在校园内种植上海地区常见蔬菜类植物所需的自然环境条件以及所采用的人工培育措施，经历真实情境中的问题解决，核心素养得到培育。

2. 课程标准[《义务教育生物学课程标准（2022年版）》]

（1）课程目标

学生能够理解植物生命活动的基本过程和原理，并用其分析、解释、解决生产生活中的某些实际问题。

（2）内容要求

探究栽培一种植物所需的物理和化学环境条件。根据植物生长发育所需的环境条件，选择适宜的土壤，在土壤中栽培一种植物（如番茄），定期浇水，适时施肥、松土。观察植物在生长发育过程中的变化，设计表格，记录和交流株高、叶片数量、叶片大小、开花结果的时间和数量等信息。探究栽培一种植物所需的物理和化学环境条件，例如探究土壤酸碱性对植物生长的影响。

探究植物无土栽培条件的控制。根据植物生长发育所需的环境条件，选择或设计恰当的装置，利用营养液无土栽培一种植物（如番茄），定期补水、更换营养液、通气。观察植物在生长发育过程中的变化，设计表格，记录和交流株高、叶片数量、叶片大小、开花结果的时间和数量等信息。

探究影响扦插植物成活的生物和非生物因素。根据植物生长发育所需的条件，扦插繁殖、芽的结构与功能等相关概念，选择适于扦插的植物枝条（如月季）和扦插培养基，按照扦插的技术要领和操作规范进行扦插繁殖。定期观察、记录和交流扦插枝条的生长发育情况。

（3）学业要求

设计单一变量的实验，探究关于植物生长的影响因素。

（4）跨学科问题解决能力

运用"物质与能量"的跨学科概念，发现植物种植过程中各种复杂现象的本质是物质交换与能量转化的某种表现，进而理解问题的本质。运用"系统与模型"的跨学科概念，对植物种植过程中感兴趣的科学问题进行简化分析，通过建立适当简化的模型，进行科学分析和预测。运用"结构与功能"的跨学科概念，设计特定的结构或装置，体现一定的功能，满足植物种植过程中的实际需求。运用"稳定与变化"的跨学科概念，在植物生长发育的变化中寻找规律，进而阐明植物适应环境的机制及其意义。

3. 学习目标

通过为学校的菜园选址，分享交流设计简图，初步学会运用证据回应他人的问题，进而改进设计方案。通过蔬菜品种的选择、种植以及日常养护，探究不同蔬菜或花卉生长发育所需的环境条件，学会种植过程的长周期观察与记录。通过撰写蔬菜种植的观察日记，编写相应的种植指南，初步掌握撰写实践式跨学科主题学习活动报告的方法与步骤。

4. 大概念及其子概念

（1）初中地理

自然环境各要素之间相互影响、相互作用、相互联系。地理环境影响农业生产的熟制、方式、品种、分布等。季风气候区夏季高温多雨、雨热同期，利于农作物生长，但气象灾害较多。

（2）初中生物学

植物有自己的生命周期，可以制造有机物，直接或间接地为其他生物提供食物，参与生物圈中的水循环并维持碳氧平衡。遗传信息控制生物性状，并由亲代传递给子代。

5. 内容设计

（1）核心问题、子问题及任务群

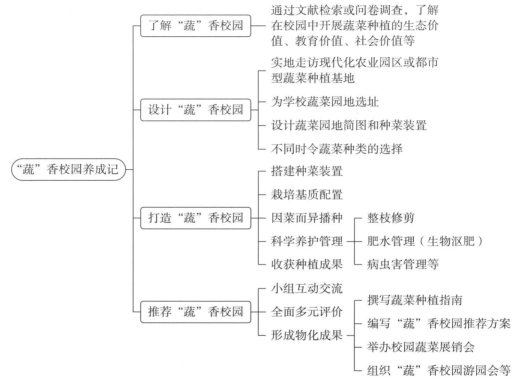

图 3-11 "'蔬'香校园养成记"的核心问题、子问题及任务群

6. 活动设计

【准备阶段：初现大概念】

（1）了解"蔬"香校园

组织学生通过文献检索或问卷调查的形式，了解在校园中开展蔬菜种植的重要作用和意义。比如，认识植物生长的规律；理解科学种植、不违农时的意义；丰富校园绿化，领悟生物多样性对维护生态平衡的重要性；启发学生尊重生命、敬畏大自然。同时，蔬菜园地融合了语文、数学、生物学、科学、地理、美术等多个学科，涵盖了测量、土壤、蔬菜属性、气象、营养学、彩绘、生态文明建设、语言表

达等多领域知识，利用多学科优势辅助教学，提升学生关于各个学科的内在联系的认知。科学且有特色的劳动引导学生认同"生活即课堂"。

（2）设计"蔬"香校园

① 实地走访现代化农业园区或都市型蔬菜种植基地。走访现代化蔬菜产业园，了解智慧农业技术在玻璃温室中的实际应用，了解遥感水肥一体化系统、自动环控系统以及智能监测系统感应调控整个绿色大棚温度和湿度的工作原理。在面对面的科普活动中，切实感受农作物有着各自的生长规律，零距离了解现代农业发展的新技术、新模式，开阔视野，获取新知。

② 为学校蔬菜园地选址。使用恰当的地理工具，实地勘察校园环境，运用所学的地理知识，如土壤类型、采光时长、取水距离、占地面积、适宜的温度（是否有温室／大棚）等，为蔬菜园地确定"最佳"选址。

③ 设计蔬菜园地简图和种菜装置。测绘并完成蔬菜园地设计简图的绘制，注明考虑了哪些基本因素。同时，运用"结构与功能""因果关系"等跨学科概念，鼓励学生创造性地利用简易材料，针对不同种类的蔬菜设计恰当的栽培装置（如大号矿泉水瓶、泡沫箱、木盒子、自制或改良的无土栽培系统等），以满足植物生长的需要。

④ 不同时令蔬菜种类的选择。根据所设计的蔬菜园地的环境条件、装置类型以及种植季节等条件，查找文献资料，选择适合种植的蔬菜种类（叶菜类、根茎类、果实类等）。

⑤ 各小组交流设计简图与实施方案，教师有针对性地指导，各小组修改并完善方案。

【实施阶段：建构大概念】

（3）打造"蔬"香校园

① 搭建种菜装置。按照完善后的设计方案，以小组合作的方式完成搭建，并提前测试效果。

② 栽培基质配置。基质关系到植物根系生长的好坏，会直接影响植物的生

长发育，因此须根据不同的植物特点配置合适的基质。依据栽培方式的不同，基质主要分为土壤基质和无土基质两大类，前者适合传统的土壤栽培，后者则应用于无土栽培。

③ 因菜而异播种。根据不同的蔬菜种类进行播种或扦插或移苗。

④ 科学养护管理。小组分工合作，定期浇水、适时施肥、松土、防治病虫害、及时疏叶、摘除枯枝烂叶、监控土壤酸碱度等。有物联网设备条件的学校，可采用数字化实验设备，如温度传感器、光照强度传感器、湿度传感器、酸碱度传感器等，实现种植全过程的精细化、长周期、可视化管理。

⑤ 记录观察过程。设计表格，以照片或视频的方式做好过程性资料素材的积累，观察不同种类蔬菜在生长发育过程中的变化，记录并定期交流植物的株高、叶片数量、叶片大小、开花结果的时间和数量、果实的重量等信息。

⑥ 收获种植成果。组织学生亲手采摘成熟后的蔬菜，带回家品尝，深度体验劳动的快乐与满足。同时，教师指导学生做好种子的采集与保管，实现菜园自给自足的可持续发展。

【总结阶段：应用大概念】

（4）推荐"蔬"香校园

① 各小组撰写不同种类蔬菜的种植指南、"蔬"香校园推荐方案等不同形式的实践活动报告。

② 开展学生自评、互评和师评的多元评价。各小组通过书面或口头方式分享实践成果，针对他人提出的问题，能够运用证据进行交流和讨论，并在此基础上反思研究中的不足，改进实践方案。

③ 学生以小组为单位，组织开展校园蔬菜展销会、"蔬"香校园游园会等成果展示活动。这些活动为学生搭建了融入真实社会生活和职业角色的平台，进一步激发了他们的学习兴趣，提升了他们参与社会公众生活、承担公民责任的主动性和积极性。

7. 评价设计

实践式跨学科主题学习的评价应与实践活动"形影不离"，紧随学习目标，以便发挥评价的导向作用。评价要求与目标要求相一致，凸显教学评的一致性，主要运用表现性评价等方式，重点评价学生学科核心知识的综合学习和综合运用表现，指向学生的跨学科核心素养培育。

表 3-9　校园蔬菜种植日志的表现性评价量表

项目	等第		
	优秀	良好	一般
日志要点	要点齐全	要点不齐，缺少部分内容	要点不齐，缺少主要内容
记录连续性	坚持每天记录	偶尔有漏记	偶尔有记录
记录形式	形式多样，如文字、图片、数据、视频（二维码或链接）等	主要以文字形式记录，偶尔有其他形式	单纯以文字形式记录
真实性	完整真实，细节丰富	基本真实，略有不足	记录零散，数据可信度低

表 3-10　跨学科实践活动评价表

评价指标							
评价维度		评价等级			自评	组评	师评
		A	B	C			
过程性评价	探究实践	能发现问题或提出任务，制订可行方案并实施，获得证据或形成初步产品，分析证据或改进设计，得出结论或物化成果	能在教师的提示下发现问题或提出任务，制订方案并实施，形成初步产品，经他人指导后改进设计，得出结论或物化成果	能在教师的提示下发现问题，并实施给定的方案，无法形成物化成果或产品，能得出初步的结论			

（续表）

评价维度		评价指标			自评	组评	师评
		评价等级					
		A	B	C			
过程性评价	语言表达	语言表达清晰完整，内容有条理，组织有序	语言表达基本清晰，内容清楚	语言表达不清晰，让人无法理解			
	创新表现	能独立思考；能打破固有思维模式，创造性地解决问题	有独立思考的习惯；思维积极活跃；勇于尝试解决问题	无独立思考的习惯；思维方式和解决问题的方式单一			
	沟通合作	成员间耐心倾听；团队分工明确，积极承担任务；针对问题形成有效解决方案	成员间有一定的沟通和交流；团队分工较明确；针对问题能提出一定的解决方案	成员间缺乏沟通；团队无分工；针对问题没有有效的解决方案			
	学习态度	学习态度积极，主动参与，不断反思，调整学习状态	没能全程保持积极的学习态度，较少反思	学习态度不端正，没有反思			
终结性评价	成果作品	准时，高质量完成任务；在具体的初稿或方案改进中形成	基本完成任务，有需要改进和完善的地方；任务成果是初稿或方案的简单呈现	未按时完成任务，没有或很少呈现出任务成果；没有具体的初稿或方案			

（四）案例点评

1. 育人价值明确

黄浦区作为上海市的中心城区，区内各所学校的占地规模普遍不大、布局相对紧凑。本案例引导学生利用现有的场地资源，结合各校的环境特点和优势，打造各具特色的"蔬"香校园。在全程体验、深度参与蔬菜类植物种植的过程中,学生不仅了解了上海地区常见蔬菜类植物生长发育、开花结果的生命周期,沉浸式体验农业生产,体会劳动的艰辛和收获的喜悦,而且运用地理、化学、物理等学科知识、技能和方法,解决了植物栽培过程中的选址、养护等真实问题。本案例有助于培养学生的团队协作能力、沟通能力、批判性思维能力和创造与创新能力,提升学生在真实情境下解决问题的跨学科素养,实现"中心城区小空间,映射育人大智慧,助力学生真成长"的育人价值和目标。

2. 注重实践成效

初中生有较强的好奇心和求知欲,普遍对动手操作类的实践体验活动比较感兴趣。以"'蔬'香校园养成记"为主题,在"如何打造'蔬'香校园"这一任务的驱动下,学生的学习兴趣和探究愿望被激发,以小组协作的方式开展具体任务的合作实施与自主探究。学生经历实地走访、菜园设计、种菜装置搭建、播种、养护、收获等实践过程,充分运用地理、生物学、化学等不同学科知识解决在实践过程中遇到的真实问题,学习积极性和主动性被调动起来,吃苦耐劳的劳动意识和劳动习惯得以培养。

设计并制作蔬菜种植的设备或装置、撰写蔬菜种植指南以及编写"蔬"香校园推荐方案等,形成一系列物化学习成果的同时,学生的文献资料检索和文本撰写能力、合作交流能力、问题解决能力、跨学科分析能力、创意设计和动手实践能力等都在不同程度上得到了提升与发展。

3. 培育跨学科素养

跨学科主题学习是向学生真实生活的回归,在相同的实践活动主题下,合理穿插安排相关科目课程中的跨学科主题学习。本案例将生物学跨学科实践中的"植物栽培"与地理跨学科主题学习中的"地理实践力"以及化学跨学科实践活动中的"探究土壤酸碱性对植物生长的影响"的活动合理穿插、整合安排,兼顾"纵向知识深挖"和"横向知识融通",将调查、应用、合作、研究等技能整合到课程设计与实施中,促进学生从"掌握学科知识"走向"构建结构化、网络化的认知地图",共同支撑、促进学生跨学科素养的培育。

五、单元式跨学科主题学习设计

（一）基本含义

在"双新"（即新课程、新教材）的引领和推动下，教育改革的步伐不断加快，对学科核心素养的全面发展提出了更高要求。2022年版义务教育课程方案强调，教育不仅应关注学生的核心知识掌握，更应重视其关键能力的培养、品格的塑造以及正确价值观的树立。单元教学正是这样一种符合新课程标准要求的教学模式。它要求教师以整体性思维来规划教学，将原本散落的知识点有机融合，形成一个完整、连贯的学习体系。

单元作为教学组织的基本单位，其意义远超简单的内容划分。一个单元就是一个学习事件、一个完整的学习故事[①]，包含明确的学习目标、丰富的学习内容、多样化的学习活动以及有效的评价方式。单元教学能够改变学科知识点的碎片化教学现状，实现教学设计与素养目标的有效对接。通过单元学习，学生能够系统地掌握知识，形成完整的能力结构，并培养出相应的价值观。

不仅如此，单元教学理念还为跨学科主题学习设计提供了有力的支持，有助于我们构筑单元式跨学科主题学习。它要求教师以更广阔的视角审视教学，以整体性思维规划教学，从而培养出具有综合素养、创新能力和全球视野的未来公民。

单元式跨学科主题学习，简单来说，就是教师围绕一个核心主题，结合教学目标和学生的学习需求，来构建或选定一个学习单元。这个单元巧妙地融合了多学科知识与技能，并通过一连串紧密相连的课时活动，引领学生全面且深入地探索主题内容，从而促进不同学科知识间的相互融合与迁移。这种学习模式深化了单元设计的理念，有助于增强学生的综合素养与跨学科应用能力。其主要特征包括：

整合性。围绕大概念，将多个学科的知识和技能整合到一个学习单元中，形成一个有机整体，有助于学生全面理解主题。

---

① 崔允漷. 如何开展指向学科核心素养的大单元设计［J］. 北京教育（普教版），2019（2）：11-15.

连贯性。学习活动是连贯的、有序的，有助于学生逐步深入理解主题，并促进跨学科知识的融合与迁移。同时，各课时之间既相互独立又紧密关联，共同搭建了一个具有整体性和结构化特征的单元整体教学框架。

主题性。学习单元围绕一个中心主题展开，贴近学生生活，富有趣味性且便于操作，有助于学生将所学知识应用到实际情境中。

迁移性。通过单元式跨学科主题学习，学生能够将所学知识和技能应用到其他情境和问题中，从而提高解决问题的能力。

（二）设计模板

1. 设计要素

（1）单元标题

单元标题是对整个学习单元或模块的简洁而准确的命名，它概括了学习单元的核心内容或主题，有助于学生快速了解该单元的主要学习方向。

（2）所属学科范围

所属学科范围明确了学习单元在知识体系中的位置，指出了它属于哪个学科或哪个知识领域。这有助于学生将学习单元与已有的知识体系相联系，更好地理解其背景和意义。

（3）单元学习总学时

单元学习总学时是指完成整个学习单元所需的总学习时间，通常以课时为单位。这个信息有助于学生规划自己的学习进度，合理安排时间，确保在规定的时间内完成学习任务。

（4）单元设计说明

单元设计说明详细阐述了单元设计理念、教学目标、教学方法和策略，以及学习内容的组织和安排。它提供了关于如何学习和掌握该单元知识的指导，能够帮助学生更好地理解学习内容和要求。

（5）单元学习目标

单元学习目标明确指出了学生在完成单元学习后应达到的知识、技能和情感态度目标。这些目标具体、可衡量，是学生努力的方向和评价标准，有助于激发学生的学习动力和积极性。教师应根据单元主题和学情设计单元学习目标，并将其分解为符合学生最近发展区的课时目标，注重教学评的一致性。

（6）单元学习评价

单元学习评价用于评估学生的学习成果，包括评价的方式、标准、时间和反馈机制。它帮助学生及时获得关于自己学习进展的反馈，以便调整学习策略和方法。

（7）单元学习资源

单元学习资源列出了学生在完成单元学习的过程中可以使用的各种资源，包括课本、参考书、在线课程、视频教程、实验设备等。这些资源为学生提供了丰富的学习材料和工具，有助于他们更好地理解和掌握学习内容。

（8）单元学习活动 / 任务

"任务"作为达成学习目标的媒介，与学习目标紧密相连，通常由学习情境、以解决驱动性问题为核心的问题链以及一系列学习活动构成，共同明确了本单元需解决的实际问题。这些"任务"由一系列相互关联、结构化且逻辑严密的学习活动组成，它们展现了逻辑上的自洽性、内容上的衔接性以及难度上的递进性。此外，学习任务、学习活动、学习支持以及持续性评价之间应保持高度的一致性。

（9）单元学习作业

单元学习作业紧密围绕学习目标，重点和难点突出、比例分配合理。单元学习作业内容科学严谨，语言精练，表述清晰，要求具体明确，情境设置符合实际，评价标准公正合理。在难度把控上，单元学习作业应设计精准，不同难度的题目或活动安排得当，既挑战学生又符合其发展需求。同时，单元学习作业完成时间的设定要充分考虑初中生的身心发展特点和知识水平，确保作业量适中。单元学习作业的类型要丰富多样，分布均衡，既包含书面纸笔作业，也涵盖实践体验活动，充分体现作业与试卷在功能上的差异，以及跨学科学习与学科内学习的形式差异。

（10）课时要素

单元教学设计是由多个具体课时组成的，不同的课时聚焦相同的单元主题从不同的角度或深度采用不同的方式开展教学,彼此之间既相互独立又紧密关联。各课时的教学设计主要包括以下要素:教学内容分析、学情分析、学习目标、教学重点和难点以及学习活动设计等。课时学习活动设计见图 3-12。

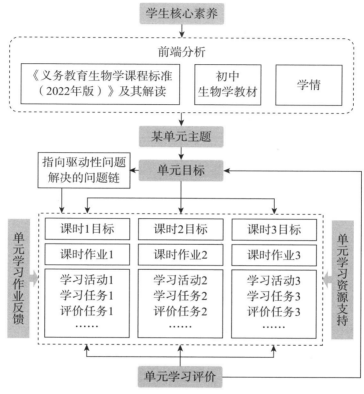

图 3-12 课时学习活动设计

2. 简要模板

根据上述单元式跨学科主题学习的设计要素,形成以下简要模板:

表 3-11 单元式跨学科主题学习设计的简要模板

类型	设计要素
单元设计	1. 单元标题
	2. 所属学科范围
	3. 单元学习总学时

（续表）

类型	设计要素
单元设计	4. 单元设计说明
	5. 单元学习目标
	6. 单元学习评价
	7. 单元学习资源
	8. 单元学习活动 / 任务
	9. 单元学习作业
课时设计 （注：一课时一设计）	1. 课时序号
	2. 课题
	3. 教学内容分析
	4. 学情分析
	5. 学习目标
	6. 学习重点和难点
	7. 学习评价设计
	8. 学习活动设计
	9. 作业设计

（三）案例设计

"小矮人"的"大用途"——走近苔藓植物

1. 单元标题

"小矮人"的"大用途"——走近苔藓植物。

2. 所属学科范围

本单元主要涉及生物学、地理学科的大概念、核心内容和思想方法，以苔藓植物为例，引导学生运用系统与整体的思维方式认识苔藓植物与环境的相互关系；借助数学和统计工具进行环境数据的收集、整理、分析，如对环境污染、苔藓植物种群数量的变化等进行数据分析和预测；初步掌握科学实验的设计方法、基本步骤和操作要求，设计并制作微型苔藓景观瓶，进行持续观察和记录；立足跨学科视角，提出保护当地苔藓植物的可行方案，并以逻辑清晰、符合事实的方式表达观点和结论。

3. 单元学习总学时

共 5 学时。

4. 单元设计说明

就情境素材而言，在我国的传统文化中，既有"苔痕上阶绿，草色入帘青"的淡泊恬静，也有"苔花如米小，也学牡丹开"的自强不息，这反映了我国古代人民善于观察、格物致知的探索品质。随着科学技术的发展，科学家正潜心研思，进一步解析苔藓植物的生命密码。

回望时光长河 4 亿年，苔藓经历了从水生到陆生的演化，见证了侏罗纪恐龙的繁盛，旁观了新生代哺乳动物的兴起，虽貌不惊人，却生生不息，蕴含着无尽的生命力。漫步大自然，我们会发现，在不同的生境中都有苔藓的身影，它们"与世无争"，默默扎根于大地，在生物圈中发挥着重要的生态作用，但因体型矮小，不为大家所熟知。同时，苔藓也受到人类活动导致的气候变化、环境污染、破坏性挖掘等影响。

苔藓分布广泛、种类繁多，兼具科学、文化和艺术跨界价值。走近苔藓、认识苔藓、研究苔藓，可以引导学生在跨学科的实践中，理解生物与环境相互依存的紧密关系，从而形成保护苔藓的意识，不随意挖掘苔藓，养成尊重自然、爱护环境的自觉行为。

就课程标准而言，《义务教育生物学课程标准（2022 年版）》分别在不同学习主题的大概念层级中，围绕苔藓植物的生物属性、进化历程、物种多样性以及生态价值等，进行了系统的梳理和内容的界定。

《义务教育地理课程标准（2022 年版）》则在跨学科主题学习部分建议"选取生态文明建设、环境保护、资源利用、家乡环境与人们生产生活的变化、乡村振兴等方面真实存在的事物和现象，设计的问题具有研究价值和现实意义"，并在主题五"认识中国"部分明确提出"举例说明家乡环境及生产发展给当地居民生活带来的影响和变化,并尝试用绿色发展理念,对家乡的发展规划提出合理建议,增强热爱家乡、建设家乡的意识"。

就学情基础而言,学生在地理课程、生物学课程中已经学习了"苔藓植物"及其生存环境的相关内容;经历了初中科学课程的学习,初步建构了"结构与功能""稳定与变化"等跨学科概念,因此对于苔原气候的成因及其特点,苔藓植物的分类、生物特征及生态价值,环境保护的重要意义,等等,有了一定的认识和了解。同时,初中生思维活跃,好奇心强,乐于参与实践体验类的学习活动,观察、记忆、逻辑思维等能力进一步发展,但科学思维的深度和广度、探究实践的意识和能力以及作为公民参与社会事务的责任心和使命感都有待进一步培养和提升。

5. 单元学习目标

(1)了解苔藓植物的结构特征、分类、生命周期以及与环境的关系,形成结构与功能观、物质与能量观、进化与适应观、生态观等生命观念,并能解释一些与苔藓植物相关的实际问题。

(2)初步掌握科学思维方法,基于证据和逻辑多角度、辩证地探讨保护苔藓植物的议题,培养科学思维习惯和能力。

(3)初步具备科学探究和跨学科实践能力,学会设计并制作微型苔藓景观瓶,将分析解决问题的想法或创意付诸实践。

(4)初步确立严谨求实的科学态度,乐于探索苔藓植物的生命密码。

(5)增强社会责任感,初步形成生态文明观念,主动宣传苔藓植物的生态价值和重要作用,积极参与保护苔藓植物、保护环境的实践。

6. 单元学习评价

遵循"以评价促进学习"的理念,坚持素养导向,在单元教学过程中实施对学生学习、教师教学过程和质量的有效监控,为改进学生的学习和教师的教学提供依据,促进学生核心素养的发展。

表 3-12　不同类型单元学习活动评价表

单元教学环节	学习活动类型	优秀（☆☆☆）	良好（☆☆）	一般（☆）	自评	互评	师评
认识苔藓	实践活动体验	目标明确，执行积极，感受深刻，反思真诚	能参与活动，对实践目的有所认知，有初步的感受和思考	实践目的模糊，参与度和积极性不高，感受和思考较少			
研究苔藓	实验探究实施	设计合理，过程科学严谨，记录详尽，报告真实准确，结论可靠	设计一般，实验过程中尝试探究，有实验记录、报告结论，有反思等	设计不完善，过程不够严谨，记录和报告有遗漏，结论存疑			
利用苔藓	模型设计制作	设计意图清晰，材料运用巧妙，制作科学且美观，富有创意	能体现设计意图，材料选择合理，制作科学，审美上佳	符合设计意图，材料利用尚可，科学性和美观度有待提升			
保护苔藓	科普文本撰写	主题突出，论据充分，逻辑清晰，无科学性错误，可读性强	有主题，有论据，思路较清晰，有一定的可读性	有主题，但论据不够充分，文字表述不严谨或存在歧义			

表 3-13　小组合作表现性评价表

评价内容		星级评价		
		自评	互评	师评
合作探究能力	主动参与合作探究	☆☆☆☆☆	☆☆☆☆☆	☆☆☆☆☆
	遇到困难时主动寻找解决办法，勇于克服困难	☆☆☆☆☆	☆☆☆☆☆	☆☆☆☆☆

（续表）

评价内容		星级评价		
		自评	互评	师评
合作探究能力	倾听同学意见，积极辨析观点，不断改进	☆ ☆ ☆ ☆ ☆	☆ ☆ ☆ ☆ ☆	☆ ☆ ☆ ☆ ☆
团队精神	履行个人责任，积极开展实践	☆ ☆ ☆ ☆ ☆	☆ ☆ ☆ ☆ ☆	☆ ☆ ☆ ☆ ☆
	以整体利益最大化为目标，积极配合他人	☆ ☆ ☆ ☆ ☆	☆ ☆ ☆ ☆ ☆	☆ ☆ ☆ ☆ ☆
	善于通过自我调整及分享交流促进团队任务的达成	☆ ☆ ☆ ☆ ☆	☆ ☆ ☆ ☆ ☆	☆ ☆ ☆ ☆ ☆
沟通分享	能清晰、完整地表达想法	☆ ☆ ☆ ☆ ☆	☆ ☆ ☆ ☆ ☆	☆ ☆ ☆ ☆ ☆
	尊重他人的意见和成果	☆ ☆ ☆ ☆ ☆	☆ ☆ ☆ ☆ ☆	☆ ☆ ☆ ☆ ☆

（注：一颗星代表认同程度低，五颗星代表认同程度高，不同星级是认同程度不同的体现。用色笔涂色表示不同星级。）

7. 单元学习资源

（1）常规教学环境：教室、生物实验室、校园等。

（2）数字化教学资源：NoBook 初中生物学虚拟实验平台、科普微视频（华东师范大学科研团队拍摄的国内第一部苔藓科普微电影《苔藓》）。

（3）科普书籍资源：《植物王国的小矮人——苔藓植物（中英文版）》（广东科技出版社 2015 年版）；《苔藓的秘密世界》（湖北科学技术出版社 2022 年版）；《中国常见植物野外识别手册（苔藓册）》（商务印书馆 2016 年版）；等等。

（4）社会课程资源：上海自然博物馆常设展区及相关主题科普展览；上海植物园展览温室集中布展了种类繁多的热带、亚热带苔藓植物，并配有植物识别信息牌，园内还经常举办各类主题科普活动，可以关注并前往参观。

8. 单元学习活动 / 任务

表 3–14　单元学习活动 / 任务设计

核心问题	单元教学环节	课时序号	子问题	任务群
"小矮人"苔藓如何发挥"大用途"？	认识苔藓	第1课时	何为苔藓？	活动 / 任务 1：通过文献检索，了解苔藓植物所属的植物类群、分类阶元、繁殖方式、进化历程、分布区域等信息。 活动 / 任务 2：思考并讨论"青苔都是苔藓吗？""苔藓不会开花，古人诗中的'苔花'又是什么呢？"等问题。
			身边的苔藓在哪里？	活动 / 任务 3：以小组为单位开展户外苔藓植物调查活动，在学校、社区、公园等不同区域寻找苔藓并采集样本，记录调查日期、地点、周边环境特点等信息。
	研究苔藓	第2课时	科学家是如何研究苔藓植物的？	活动 / 任务 1：使用放大镜或解剖镜观察苔藓植物的植株特点，验证自己的假设，解释苔藓植物长不高的原因。 活动 / 任务 2：将采集到的苔藓植物样本制作成临时装片，使用光学显微镜观察其细胞结构，并绘制示意图。 活动 / 任务 3：在教师的指导下，将剩余的苔藓植物制作成标本，便于后续进一步研究与观察。 活动 / 任务 4：拓展学习，了解中国苔藓植物学奠基人陈邦杰先生的科研事迹及主要成果。
	利用苔藓	第3课时	为什么说苔藓浑身都是宝？	活动 / 任务 1：在线"游览"上海自然博物馆虚拟展区，结合教材内容，归纳总结苔藓植物的生态价值和作用。 活动 / 任务 2：思考并讨论，为什么苔藓植物可以作为环境监测的指示生物？以小组为单位完成跨学科实践，使用藓袋法监测环境质量，观察并记录实验结果，形成实验报告。

（续表）

核心问题	单元教学环节	课时序号	子问题	任务群
"小矮人"苔藓如何发挥"大用途"？	利用苔藓	第4课时	为什么说苔藓浑身都是宝？	活动/任务：以小组为单位完成跨学科实践：设计并制作一个微景观苔藓瓶，持续观察并记录（文字、照片、视频等形式均可）实验现象，形成实验报告。
	保护苔藓	第5课时	苔藓为什么能适应极端环境？	活动/任务1：通过文献检索，了解沙漠、极地等极端自然环境下苔藓植物的生存智慧。 活动/任务2：联系地理学科的相关知识，介绍极地苔原气候的命名、形成原因、气候特点等内容。
			如何有效地保护苔藓？	活动/任务3：查询拟短月藓"起死回生"的故事，了解我国科学家在保护苔藓植物领域所取得成绩和进展。 活动/任务4：以小组为单位，拟定一份适合某区域环境特点的苔藓植物保护方案，在班级内展示交流后进一步改进优化。

9. 单元学习作业

以小组为单位，拟定一份适合当地环境特点的苔藓植物保护方案，在班级内展示交流、改进优化后提交给学校或社区的环境管理部门。

【分课时设计】

第1课时

1. 课题

认识苔藓。

2. 教学内容分析

本课时围绕"何为苔藓？"和"身边的苔藓在哪里？"两个子问题，采用文献检索、小组讨论以及户外调查的方式，组织学生归纳、整理苔藓植物所属的植物类群、分类阶元、繁殖方式、进化历程、分布区域等信息；同时，帮助学生学会区分常见的苔藓植物，认识其外形特征，了解其生长环境特点，为本单元后续的学习奠定基础。

3. 学情分析

学生对于苔藓植物既熟悉又陌生，虽然在地理课程中已经学习了"世界气候类型""自然资源的利用和保护""环境污染及其防治"等内容，在生物学课程中学习了"植物的类群"中关于苔藓植物和生物分类的相关内容，但是生长在阴暗、潮湿环境中的苔藓植物普遍较为矮小，往往其貌不扬，学生对其缺乏直观、具象的深入认识。

4. 学习目标

（1）通过文献检索，进一步了解苔藓植物的物种信息及其分布区域的环境特点，构建结构与功能相适应的生命观念。

（2）使用植物识别小程序，学会对户外观察到的植物进行科学分类和客观、如实记录。

（3）以小组合作的方式，有序开展针对户外苔藓植物的调查活动，提升科学探究的实践力。

5. 学习重点和难点

（1）了解苔藓植物的形态特征与其生活环境的适应关系。

（2）初步学会在户外开展探究调查活动的方法。

6. 学习评价设计

由各小组自行制订组内分工与组内互评表。

7. 学习活动设计

表 3-15　学习活动设计

环节名称	教师活动	学生活动	设计意图	时间
导入环节	播放科普微视频：华东师范大学科研团队拍摄的国内第一部苔藓科普微电影《苔藓》	观看视频，回忆所学知识	激发学生兴趣，让学生了解苔藓植物研究的主要方法，感受科学研究虽然充满艰辛和挑战，但追求科学真理的过程魅力无穷	3分钟
建构概念	提问： 1. 苔藓植物属于哪一类常见的植物类群？ 2. 苔藓植物的进化历程是怎样的？ 3. 苔藓植物主要分布在校园里的哪些地方？ 4. 青苔都是苔藓吗？ 5. 苔藓不会开花，古人诗中的"苔花"又是什么呢？	回答问题并说出苔藓植物的分类阶元，总结进化规律讨论交流提出观点学生互评	以问题链的形式由浅入深，循序渐进，帮助学生回忆旧知，启迪新思，为户外调查活动作铺垫	15分钟
调查实践	组织学生开展针对户外苔藓植物的调查活动，在校园内寻找苔藓植物并采集样本，记录调查日期、地点、周边环境特点等信息	以小组为单位开展调查活动 记录数据填写调查实验报告单	通过寻找校园里的苔藓植物的活动，培养学生基于事实和证据开展科学探究的意识，帮助学生了解开展户外生物资源调查活动的方法	20分钟

（续表）

环节名称	教师活动	学生活动	设计意图	时间
课堂小结	指导学生整理调查数据信息，科学存放采集的样本 布置课时作业	完成调查实验报告单 明确作业要求	回顾、重温本课时的主要学习内容，做好活动小结，肯定优点，指出不足。同时布置课时作业，落实教、学、评等环节	2分钟

8. 作业设计

（1）填写苔藓植物的相关信息。

苔藓植物信息卡

1. 形态特征：_____

2. 主要分类：_____

3. 地域分布：_____

4. 生长环境：_____

（2）青苔都是苔藓吗？请举例说明。

_____

（3）户外苔藓植物调查实验报告单。

表 3-16　我们身边的苔藓植物

找一找我们身边的苔藓植物		
调查小组 组长：_____ 组员：_____	调查日期：_____	调查时间：上午 / 下午
调查地点：_____	周围环境特征：_____	

（续表）

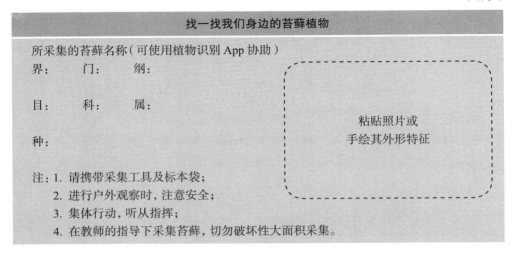

找一找我们身边的苔藓植物

所采集的苔藓名称（可使用植物识别 App 协助）

界：　　门：　　　纲：

目：　　科：　　　属：

种：

注：1. 请携带采集工具及标本袋；
　　2. 进行户外观察时，注意安全；
　　3. 集体行动，听从指挥；
　　4. 在教师的指导下采集苔藓，切勿破坏性大面积采集。

第 2 课时

1. 课题

研究苔藓。

2. 教学内容分析

本课时围绕"科学家是如何研究苔藓植物的？"这个子问题，安排了苔藓植物植株个体特征观察、显微镜下细胞水平的观察、制作植物标本以及了解中国苔藓植物学奠基人陈邦杰先生的科研事迹四个活动/任务，引导学生像科学家一样开展探究实践，进一步熟悉科学实验的主要研究方法和步骤。通过实验活动，学生从个体的中观水平到细胞的微观水平，对苔藓植物的不同结构层次进行深入剖析，为后续解答苔藓植物为什么能适应极端环境做好知识储备。同时，本课时还介绍中国植物学家在苔藓植物研究领域作出的巨大贡献和取得的辉煌成就，弘扬爱国情怀，增强民族自信心，渗透课程育人的价值取向。

3. 学情分析

通过生物学课程的学习，学生已经掌握了使用显微镜观察细胞结构的方法和技能，而且初步掌握了"提出问题—作出假设—设计实验并实施—验证假设—得出结论"的探究路径，但是缺少制作植物标本的实践体验。

4. 学习目标

（1）学会正确、规范地制作临时装片，使用显微镜进行观察，并绘制示意图。

（2）学会植物标本的采集及制作。

（3）列举我国科学家在苔藓植物领域的科研事迹及主要成果。

5. 学习重点和难点

（1）了解苔藓植物逐渐出现根、茎叶等器官的分化，且其繁殖过程逐渐摆脱了对水环境的依赖。

（2）理解苔藓植物通过有性生殖或无性生殖产生后代的意义。

6. 学习评价设计

表 3-17 过程性评价表（学生成长评价）

学生信息 班级：_____ 姓名：_____	信息提取与处理			问题分析与质疑			结论阐释与创新		
	自评	互评	师评	自评	互评	师评	自评	互评	师评
	均分：			均分：			均分：		

（注：评价分值为 1—5，分值越高，意味着表现越优异。）

7. 学习活动设计

表 3-18 学习活动设计

环节名称	教师活动	学生活动	设计意图	时间
情境导入	介绍我国苔藓植物学奠基人陈邦杰先生的科研事迹及主要成果	聆听科学家的事迹，感悟科学家精神	无痕化渗透课程育人的理念	1分钟
观察实验1	提问：为什么苔藓植物长不高？ 组织学生使用放大镜或解剖镜观察苔藓植物的植株特点，验证自己的假设，解释苔藓植物长不高的原因	思考并作出假设 实施实验验证假设填写学习单	按照科学探究的主要步骤，引导学生大胆作出假设，基于观察到的实验现象加以论证，进而得出正确的结论	4分钟

（续表）

环节名称	教师活动	学生活动	设计意图	时间
观察实验2	组织学生将采集到的苔藓植物样本制作成临时装片；使用光学显微镜观察其细胞结构，并绘制示意图	完成实验绘制示意图	通过实验，帮助学生进一步认识细胞是生物体结构和功能的基本单位，植物细胞具有不同于动物细胞的结构，如叶绿体和细胞壁	13分钟
实践活动	详细告知方法、步骤及注意事项，组织学生将剩余的苔藓植物制作成标本 主要步骤：采集→清洗→分株→逐根清理→平铺至A4纸上→压入吸水纸→整体压牢→放置在避光、干燥处3~4天→取出并调整姿态→放入标本信息卡（包括植物俗名、学名、科属等分类阶元、采集号、采集地点、日期、采集人、生境等；其中采集号、采集地点、日期、采集人最关键）→装入相框/标本袋→妥善保存	制作标本师生、生生互动 展示成品	充分利用上一课时采集的植物样本，指导学生合理使用、珍惜善待生物资源，同时也便于后续进一步研究与观察	20分钟
课堂小结	指导学生做好实验室整理和收尾工作 布置课时作业	整理实验设备及器材 明确作业要求	点评各个实验环节的优点和不足，告知下一课时的主要学习内容，提示学生做好预习准备	2分钟

8. 作业设计

（1）将采集到的苔藓植物制作成临时装片，使用光学显微镜观察其细胞结构，并绘制示意图。

苔藓植物细胞示意图

实验人：_____　班级：_____

姓名：_____　学号：_____

实验日期：_____

显微镜放大倍数：_____

粘贴示意图

（2）苔藓植物为什么长不高？

我认为，可能的原因是：_____。

实验观察：用放大镜或解剖镜观察采集到的苔藓植物，验证自己的假设，并加以说明。

我的观察结果是：_____，因此假设_____（选填"成立"或"不成立"）。

第 3—4 课时

1. 课题

利用苔藓。

2. 教学内容分析

在植物王国中，苔藓可以说是不起眼的"小矮人"，有时还会被我们一不留神踩在脚下。实际上，这些"小矮人"有着坚强的意志和高超的生存策略，从寒冷的极地到炎热的赤道，从寸草不生的沙漠到生机盎然的绿洲，从人烟稀少的原始森林到人口稠密的都市，在土壤、岩石壁、树干、台阶或是在混凝土壁上，我们都能发现苔藓的身影。那么，这些"小矮人"是如何发挥"大用途"的呢？先组织学生以小组合作的形式检索文献，归纳总结苔藓植物的生态价值和重要作用；然后先易后难、由浅入深，安排薛袋法监测环境质量以及制作微景观苔藓瓶的跨学科实践活动。两个课时的学习和实践将引导学生认同"苔藓浑身都是宝"，小小的苔藓植物在陆地生态系统中发挥着保护生物多样性、维持生态平衡等重要作用，和人类生产生活息息相关。

3. 学情分析

通过前面 2 个课时的学习，学生对苔藓植物的生物属性和结构功能特征有了较为全面、深入的了解，但对于苔藓植物的生态价值还不甚了解，更缺乏直观的感性认识。

4. 学习目标

（1）归纳总结苔藓植物的生态价值和重要作用。

（2）说出使用藓袋法监测环境质量的原理。

（3）学会制作微景观苔藓瓶，并开展周期性的观察和探究，形成实验报告。

5. 学习重点和难点

理解植物有自己的生命周期，可以制造有机物，直接或间接地为其他生物提供食物，参与生物圈中的水循环，并维持碳氧平衡。

6. 学习评价设计

表 3-19　学习评价设计

组别	合作氛围（10 分）	实践探究（30 分）	展示交流（30 分）	科学阐释（20 分）	创意效果（10 分）	总分（共 100 分）

7. 学习活动设计

表 3-20　学习活动设计

第 3 课时				
环节名称	教师活动	学生活动	设计意图	时间
课前预习	组织学生在线"游览"上海自然博物馆虚拟展区，结合教材内容，以小组为单位，归纳总结苔藓植物的生态价值和重要作用	分工合作制作 PPT	有机融合线上线下的科普资源，拓展学习时空。同时，提升学生的信息提取与处理、阐释交流以及团队合作等能力	5 分钟

（续表）

环节名称	教师活动	学生活动	设计意图	时间
展示交流	组织各小组学生代表按照顺序发言，展示成果（每组4~6人）	分小组汇报 小组自评、组间互评、教师参与评价 其他同学可以质疑并亮出观点	为学生搭建表达、交流、互相评价的平台 培养学生的辩证思维能力	15分钟
实践活动	组织学生制作藓袋，并悬挂于不同的环境中，监测相关区域的环境质量	动手实践 小组讨论，拟定监测的区域 细化任务分工	观察、探究苔藓作为环境污染指示植物的证据，鼓励学生将所学知识应用到实践活动中，激发他们探索生命的兴趣，增强学生的实验能力，帮助学生掌握科学研究方法	18分钟
课堂小结	点评各环节学生的表现 布置本课时的作业	聆听	明确课时作业的要求，指导学生归纳总结本课时的主要学习内容	2分钟
第4课时				
环节名称	教师活动	学生活动	设计意图	时间
活动导入	解释活动目的、要求、步骤、注意事项等内容	聆听，明确要求 思考本小组苔藓瓶的制作方案	为活动的顺利实施做好准备	5分钟

（续表）

环节名称	教师活动	学生活动	设计意图	时间
活动实施	在班级内巡视，提供个性化指导	以小组合作的形式开展活动　完成一个微景观苔藓瓶的制作	按照"搜集资料→讨论→探索→活动→评价延伸"的思路，完整经历"准备→实践→拓展"的过程，符合初中生的认知特点和科学实践规律，激发学生热爱家园、保护环境的情怀，提高学生的科学素养	30分钟
活动小结	总结本课时的内容，布置本课时作业（拓展类观察实验）	聆听，明确要求　做好实验室整理和收尾工作　分工、细化后续任务安排：持续观察记录（文字、照片、视频等形式）实验现象，形成实践活动报告	引导各小组基于微景观苔藓瓶开展相关的拓展研究，如使用传感器检测瓶中氧气或二氧化碳的变化情况，直观感受绿色植物在维持碳氧平衡中的作用	5分钟

8. 作业设计（拓展类观察实验）

（1）探究苔藓的保水能力

取若干个相同的苔藓瓶，在相同环境、相同面积、相同厚度的土壤条件下设置实验组和对照组，两组数量保持一致，探究苔藓的保水能力并记录。

表3-21　探究苔藓的保水能力

土壤含水量	组别	
	实验组（种植苔藓）	对照组（未种植苔藓）
主观感受（手攥法）		

（续表）

土壤含水量	组别	
	实验组（种植苔藓）	对照组（未种植苔藓）
数据测量并取平均值（称重法）		

（2）探究光照强度对苔藓光合作用的影响（二氧化碳或氧气传感器）

取若干个相同的苔藓瓶，种植相同种类、数量的苔藓，土壤的面积、厚度也保持一致。将实验组的苔藓瓶置于不同光照强度的环境中，一段时间后，观察瓶中二氧化碳或氧气的变化情况并记录。

表 3-22　探究光照强度对苔藓光合作用的影响

组别	光照强度		条件	
			氧气的变化（%）	二氧化碳的变化（%）
弱光组	1	照射相同的时间：____分钟		
	2			
	……			
	均值			
中光组	1			
	2			
	……			
	均值			
强光组	1			
	2			
	……			
	均值			
对照组	1			
	2			
	……			
	均值			

（3）探究 SO₂ 对苔藓的影响

取若干个相同的苔藓瓶，种植相同种类、数量的苔藓，土壤的面积、厚度也保持一致。将实验组的苔藓瓶置于定期喷洒一定浓度的亚硫酸溶液的环境中，一段时间后，观察瓶中苔藓的生长情况并记录。

表 3-23　探究 SO₂ 对苔藓的影响

组别		项目			
		5 天后观察现象	10 天后观察现象	15 天后观察现象	现象分析与原因推测
实验组（定期喷洒一定浓度的亚硫酸溶液）	1				
	2				
	3				
	……				
对照组（同期喷洒等量的蒸馏水）	1				
	2				
	3				
	……				

第 5 课时

1. 课题

保护苔藓。

2. 教学内容分析

看似数量庞大、随处可见、微不足道的苔藓，却因为环境污染、生境丧失、人为破坏等诸多原因而面临灭绝危机。研究数据显示，极危、濒危和易危等级的受威胁苔藓植物合计 186 种，已占中国苔藓植物种类总数的 5.77%。本课时围绕"苔藓为什么能适应极端环境"了解苔藓植物的生存智慧，同时以拟短月藓"起死回生"的真实故事，引发学生思考"如何有效地保护苔藓"，并拟定适合某地区环境特点的苔藓植物保护方案。学生在亲身体验、感悟科学研究过程，深入认识保护生物多样性之重要的同时，增强了社会责任感和积极投身生态文明建设的使命感。

3. 学情分析

八年级的学生已经完成了初中地理课程的学习以及学业水平考的测试评价，具备了在真实的问题情境中立足人地协调观，运用综合思维解答区域地理问题的能力。但是，因为尚未系统学习跨学科案例分析的相关内容，教师需要帮助学生铺设思考路径，提供学习支架，从而使其完成学习任务，达成预设的学习目标。

4. 学习目标

（1）说出苔藓植物适应极端环境的原因。

（2）阐明保护苔藓植物资源的重要生态价值和意义。

（3）尝试运用地理、生物学等学科的知识和方法，为某地区制订保护苔藓植物的可行方案，发展核心素养。

5. 学习重点和难点

（1）运用进化与适应的观点，解释苔藓植物丰富多样的原因。

（2）分析人类活动破坏生态环境、危害苔藓植物的实例，形成保护生物圈的社会责任意识。

6. 学习评价设计

表 3-24 表现性评价（交流方案）

序号	评价指标	评价任务	评价标准	评价与反馈方式
1	语言表达	各组方案的文字表述　汇报者的语言表达能力	★ 文字表述一般，语言表达能力一般　★★ 文字表述准确、语言表达有感染力	采用小组交流、组间评价和教师评价的方式
2	内容完整	各组方案的各个要素　各组 PPT 内容与方案的一致性	★ 要素有欠缺，PPT 与方案不一致　★★ 内容完整，方案的各个要素均有体现，PPT 与方案一致	采用小组交流、组间评价和教师评价的方式

（续表）

序号	评价指标	评价任务	评价标准	评价与反馈方式
3	证据严谨	各组方案中引用的证据规范严谨 PPT 呈现所引用的基本数据、图表和重要结论等	★ 证据欠严谨，引用不规范 ★★证据严谨，引用规范，PPT 很好地呈现了引用的证据	采用小组交流、组间评价和教师评价的方式
4	实践探究	各组在开展本单元相关实践探究活动中的具体表现 个人在开展本单元相关实践探究活动中的具体表现	★ 基本完成任务，表现一般 ★★ 能较好地根据分工完成任务，表现良好	采用小组交流、组间评价和教师评价的方式
5	采纳意见	各组在展示交流过程中对其他组所提意见和建议的思考与采纳情况	★ 分析与讨论能力一般，不乐意采纳意见 ★★ 能较好地分析与讨论其他小组提出的意见和建议，并有选择性地采纳	采用小组交流、组间评价和教师评价的方式
6	现实价值	各组提出的意见和建设具有可行性	★ 提出的意见和建议比较一般，可行性不够 ★★ 提出的意见和建议对倡议书的形成有较大作用	采用小组交流、组间评价和教师评价的方式

7. 学习活动设计

表 3-25　学习活动设计

环节名称	教师活动	学生活动	设计意图	时间
课堂导入	介绍我国丰富的苔藓植物资源及其分布，同时指出苔藓植物也面临着生存危机	聆听思考	引导学生迁移运用所学知识，解决问题，走向真实的学习	2分钟

（续表）

环节名称	教师活动	学生活动	设计意图	时间
跨学科案例分析	我国气候类型多样，是少有的地跨热带、亚热带和温带的国家之一。根据国内不同地区的自然特点，研究者将我国苔藓植物的空间分布划分为十个区域。请在地图上圈出这些区域的大致位置，并归纳其分布特征	使用重要的地理工具——地图，识别并描述我国苔藓植物的空间分布特征	以我国苔藓植物的分布为例，融合地理、生物学的核心内容，培养并提升学生的跨学科意识和能力	10分钟
	思考：为什么苔藓植物能适应极地、沙漠等极端的自然环境？	思考、讨论并回答	建立地理学科和生物学之间的联系	
	联系地理学科的相关知识，介绍极地苔原气候的命名、形成原因、气候特点等内容	思考并回答	发展跨学科素养	
过渡衔接	介绍拟短月藓"起死回生"的故事	了解我国科学家在保护苔藓植物领域所取得成绩和最新进展	进一步激发学生的学习兴趣，自觉认同保护苔藓植物的重要意义和价值	3分钟
展示交流	组织学生以小组为单位讨论保护某地区苔藓植物的具体举措及其科学原理，最终各小组拟订一份适合当地环境特点的苔藓植物保护方案，在班级内展示交流后进一步改进优化	各小组交流研讨，并派代表交流发言 小组之间互相评价，提出改进意见 各小组优化方案	为学生搭建展示交流、互评研讨、智慧共享的平台，提升学生的表达、倾听和反思能力	23分钟

（续表）

环节名称	教师活动	学生活动	设计意图	时间
课堂小结	总结本课时的教学内容，布置本课时作业	聆听，明确要求 进一步修改并完善方案	以小组为单位，形成本单元的学习成果，提升学生的学习获得感和自信心	2分钟

8. 作业设计

各小组拟订一份适合某地区环境特点的苔藓植物保护方案，并对其进行修改、优化和完善。

（四）案例点评

1. 以"大概念"为整合点，推动学科深度融合

学科融合不是简单的学科知识叠加，而是学科间的一种深度融通、整合重构，其关键是要找准学科整合点。大概念正是核心素养视域下学科融合的理论基点、价值支点和实践原点，也是实现学科学习和跨学科学习"各美其美，美美与共"的必然要求和基本路径。

本案例聚焦"苔藓植物与其生活环境相适应"这一大概念，并据此展开跨学科学习目标的设置、学科课程的整合、课程资源的选择以及课程结构的设计。在大概念统摄下，整个单元围绕一个中心主题、项目或问题，开展形式多样的学习活动，如户外苔藓植物调查活动、显微镜观察实验、微景观苔藓瓶的制作及相关拓展实验的探究等，发展学生的跨学科核心素养。

2. 以"大时空"为广阔场域，深化学习体验

本案例有效整合了课堂、实验室、校园与博物馆等不同类型的课程资源，探索线上和线下双线混融的跨学科实施路径，进而改变了教师讲、学生听的传统教学形态。在校园、科研院所、科技馆、图书馆、种植基地等更广阔的学习时空中，以单元为架构，选取跨学科的节点性大观念、综合性主题和主干知识内容，通过任务型学习、项目化学习、主题式学习以及问题解决等多元化的综合教学方式，学生可体验"做中学""悟中学""用中学""创中学"。

3. 让学生成为知识探索者和建构者

跨学科主题学习具有综合性、实践性、探究性和开放性的特征，师生携手探索未知的广阔领域，这一过程充满了创造性、建构性和协商性。教师应摒弃"操控者"心态与习惯，鼓励学生从被动的、依赖性的学习中解脱出来，迈向独立自主的实践与探索之路，使他们成为学习过程中的积极参与者和知识的共同创造者。以"苔藓"项目为例，学生需设计一份适合特定地区环境特点的苔藓植物保护方案。在成果展示与交流环节，教师通过结合学生自我评价与同伴评价、过程性评价与总结性评价，使学习活动紧密关联学生的个人体验，激励学生成为知识的探索者和构建者。

第四部分　跨学科主题学习的课程设计

　　本部分以"绿水青山就是金山银山"这一具有深远意义的生态理念为核心，深入剖析了课程群的育人价值与目标、精选了与主题紧密相关的跨学科案例、设计了多元化的学习活动及评价体系。本部分不仅全面展示了跨学科课程群的设计思路，还为读者提供了可复制的跨学科课程设计路径。

一、"绿水青山就是金山银山"课程群的育人价值与目标

跨学科主题学习融合多学科知识与技能，围绕某一核心主题进行深入探究，这种方式适合构建以某个特定主题为中心的课程群。所谓课程群，指的是若干门在内容、性质上紧密相关的课程在结构、层次上经过精心整合，服务于同一目标，从而形成的深度连接、任务一致的课程体系。课程群的优势显而易见：群内的每门课程是彼此独立的，拥有相对完整的课程要素和清晰的课程边界；这些课程之间并非完全割裂，而是依据一定的逻辑形成了内在关联，共同支撑着课程群的主旨，从而更有效地推动学生核心素养的发展。[①] 那么，我们如何在跨学科主题学习的框架下设计这样的课程群呢？这是本部分要探讨的核心问题。

2023 年 8 月 15 日，我国迎来首个全国生态日。习近平总书记强调："希望全社会行动起来，做绿水青山就是金山银山理念的积极传播者和模范践行者，身体力行、久久为功，为共建清洁美丽世界作出更大贡献。"这一理念为我们将家乡的绿水青山转化为校园生态文明教育的课程资源提供了有力的指引，也促使我们更加积极地推进生态文明教育融入课堂并成为课程的一部分。

在这一理念的引领下，我们精心构建了以"绿水青山就是金山银山"为主题的课程群。该课程群以"做绿水青山就是金山银山理念的积极传播者和模范践行者"为核心理念，精心挑选和整合了相关案例，根据学习内容、学习方式以及不同年级学生的特点进行了优化重组。通过这一系列课程，我们期望学生能够从生态意识到生态技能、从生态伦理到社会责任得到全面的提升，从而真正理解和践行"绿水青山就是金山银山"理念。

（一）分析育人价值

"绿水青山就是金山银山"代表了人民的心声，顺应了人民的期待。以浙江省安吉县余村为例，余村曾经挖山开矿，钱多了，生态却坏了，矛盾凸显，经济发展

---

① 杨清.学校课程群构建：为何、是何与如何［J］.教育科学研究，2023（10）：65-72.

和生态环境保护如何才能协同共进呢？

既要绿水青山也要金山银山，村里痛下决心，关停矿山、水泥厂，这一举动表明了生态优先的原则。从"卖石头"到"卖风景"，余村变了，一年四季皆有景，实现了"绿水青山就是金山银山"的转变，走出了一条生态美、产业兴、百姓富的新路。余村通过生态环境保护与绿色发展的实践，生动地展示了"绿水青山"转化为"金山银山"的现实成果。

这些鲜活的案例为我们践行"绿水青山就是金山银山"理念、形成生态意识提供了实践基础，也让"绿水青山就是金山银山"主题课程群拥有了极其丰富的育人价值，具体体现如下：

1. 把生态文明种到心里

习近平总书记指出："当人类合理利用、友好保护自然时，自然的回报常常是慷慨的；当人类无序开发、粗暴掠夺自然时，自然的惩罚必然是无情的。人类对大自然的伤害最终会伤及人类自身，这是无法抗拒的规律。"以青海湖湟鱼为例，因气候变化和过度捕捞，青海湖湟鱼资源急剧减少，个体小型化，种群面临灭绝危机。随之而来的是，青海湖鸟岛的鸟类数量也大幅减少。为此，青海省自1982年起，秉持山水林田湖草沙一体化保护和系统治理的理念，实施封湖育鱼，严控或禁止湟鱼捕捞，并采取一系列保护措施，使得青海湖及其生态系统重焕生机，水鸟与鱼群共生的和谐景象再现。

习近平总书记强调："生态文明是人民群众共同参与共同建设共享有的事业，要把建设美丽中国转化为全体人民自觉行动。每个人都是生态环境的保护者、建设者、受益者，没有哪个人是旁观者、局外人、批评家，谁也不能只说不做、置身事外。"因此，把生态文明种到每个人的心里，激发全社会保护生态环境的内在动力，对于未来至关重要。当节约适度、绿色低碳、文明健康的生活方式和消费模式成为社会风尚，美丽中国的愿景将日益清晰。

2022年3月，义务教育课程方案和课程标准（2022年版）正式发布。新课标秉持生态文明理念，引导学生珍视生态、敬畏自然、关注生物多样性，理解科学技术与生态环境的紧密联系，认识"碳达峰""碳中和"对于推动高质量发展的重要意义，并倡导"人与自然和谐共生""绿水青山就是金山银山"等生态文明理念。生态文明价值观被融入道德与法治、语文、地理、生物学等学科的课程标准中，通过跨学科主题学习不断深化，把生态文明培植到每个学生的心里，增强他们的生态文明意识以及保护生态环境的责任感和使命感。

2. 增强跨学科实践能力

习近平总书记指出："我们既要绿水青山，也要金山银山。宁要绿水青山，不要金山银山，而且绿水青山就是金山银山。"这里"既要绿水青山，也要金山银山"体现了二者的统一兼顾、共存共生，不能仅仅看到二者对立的一面，而看不到它们相互依存和统一的一面，认为要绿水青山就不可能有金山银山，要金山银山就必须放弃绿水青山。"宁要绿水青山，不要金山银山"体现了绿水青山的优先地位，当"绿水青山"与"金山银山"出现矛盾时，必须果断抉择——宁要绿水青山，不要金山银山。"绿水青山就是金山银山"体现了二者之间转化的机制和成效。

为什么"绿水青山就是金山银山"理念对实践有指导意义？其原因之一在于，"绿水青山就是金山银山"的理念为调和生态环境保护与经济发展之间的传统矛盾提供了转化契机与统一策略。通过探索将绿水青山的自然优势有效转化为金山银山经济价值的途径，我们得以在"生态保护"与"经济发展"之间搭建桥梁，进而明确了推动经济发展模式向更高层次转型与升级的关键所在。[①]

以"丽水山泉"为例。地处浙西南山区的丽水90%以上的面积是山地。山重水复，成为丽水经济社会发展的"拦路虎"。对丽水而言，如何用好辩证法，找到转化通道，将束缚山区发展的劣势扭转为优势呢？丽水人把目光投向了绿水青山间，"点绿成金"，开发了"丽水山泉"，探索出一条"把绿水青山蕴含的生态产品价值转化为金山银山"的丽水之路。[②] 此外，甘肃省古浪县八步沙林场充分利用沙漠日光足、无污染的优势，培育出了更高品质的有机果蔬，走出了一条绿色化、生

---

① 吴舜泽. 深刻理解"绿水青山就是金山银山"发展理念的科学内涵［J］. 党建，2020（5）：18-20.

② 姚驰，沈贞海. 浙江丽水：山水淘"金"，激活"共富基因"［N］. 中国经济导报，2022-04-26（6）.

态化之路。

这些鲜活的案例在验证"两山论"正确性的同时，也为跨学科主题学习提供了载体。以山东省蒙阴县为例，该县依托丰富的林草资源，把蜜桃种植、长毛兔养殖和沼气建设有机整合，形成了"兔—沼—果"生态循环农业模式，实现了经济效益和生态效益"双赢"。这是非常好的跨学科案例分析的例子，它可以帮助学生运用多个学科知识和技能解决基于现实情境的复杂问题，也可以从不同学科视角出发研究同一问题，实现知识的深度理解和融会贯通，发展创造性思维，从而提升学生的核心素养与问题解决能力，增强他们的跨学科实践能力。

3. 助力参与家乡的建设

"绿水青山就是金山银山"理念为建设美丽中国，实现社会主义现代化强国宏伟目标提供源源不断的内在动力。以上海为例，近年来的空气和水环境质量均创有监测记录以来最高水平，黄浦江两岸滨水岸线的开放，城市绿道宛如绿色走廊，环线内公共绿地显著增多，城市人居环境持续改善。

"绿水青山就是金山银山"理念在全国各地扎根，为学生参与社会实践和志愿服务提供了足够大的空间；为学生助力家乡建设，亲历科学研究过程、培养科学精神和核心素养孕育了深厚的土壤。学生在参与家乡建设的过程中，培育了家国情怀，实现了培根铸魂的目标。比如，广东湛江红树林国家级自然保护区中更多的青年人自觉行动起来，制订科学的生态保护计划和可持续管理计划，积极参与红树林的生态建设，为保护这片自然宝藏竭尽全力。

（二）凝练学习目标

"绿水青山就是金山银山"理念系统剖析了经济与生态在演进过程中的相互关系，是引领中国走向生态文明之路的理论之基。因此，我们要进一步提高站位，思考如何"做绿水青山就是金山银山理念的积极传播者和模范践行者"。其课程目标是什么？即学生能理解什么？能做什么？能成为什么样的人？

1. 能理解什么？

"绿水青山就是金山银山"的内涵理解。"绿水青山"和"金山银山"之间辩证统一关系的理解。理解并践行"两山论"，就是要推进绿水青山向金山银山转化，就是要坚持对山、水、林、田、湖、草、沙进行综合保护与系统治理。

地理大概念的理解。自然环境由气候、地貌、水文、土壤、生物等自然地理要素构成。地理环境影响人类活动。人类活动改变地理环境。因地制宜应是在自然环境（自然条件和自然资源）基础上的扬长避短，扬长就是充分利用自然条件和自然资源的优势，避短就是避开自然条件和自然资源的劣势。

生物学大概念的理解。生物体之间、生物与环境之间相互依赖。两种生物体可能以多种方式相互作用。在特定区域，一个生态系统包括所有的植物和动物种群，以及无机环境。植物和动物相互依存，并依靠生态系统中的无机环境资源维持生存。[1] 生态系统具有一定的自我调节能力。人类活动和决策对自然和生物环境有深远影响。

2. 能做什么？

能够阅读和提取地图上的地理信息，并利用地理信息说明和分析地理事物和现象。[2] 设计简单的调查方案，利用问卷、访谈等形式进行社会调查。能运用"绿水青山就是金山银山"理念解释、分析问题，提出自己的见解，初步形成基于证据和逻辑的思维习惯；能够进行独立思考和判断，能够对他人的观点进行审视评判、质疑包容；能够分析解决真实情境中的跨学科问题。能够从现象中发现和提出问题、收集和分析证据、得出结论。采用工程技术手段，通过设计、制作和改进，形成物化成果。

3. 能成为什么样的人？

能主动认同人与自然和谐共生的生态文明理念，"做绿水青山就是金山银山理念的积极传播者和模范践行者"，如大力推动形成绿色生活方式、积极打造"垃圾分类"升级版、持续推进"光盘行动"、倡导绿色低碳出行、对家乡的发展规划提出合理建议。具有社会责任感，为建设天更蓝、地更绿、水更清的生态宜居城

---

① 李红菊，刘恩山. 中小学生物学课程中生态学重要概念的筛选及其表述［J］. 生物学通报，2010，45（10）：31-34.

② 中华人民共和国教育部. 义务教育地理课程标准（2022年版）［S］. 北京：北京师范大学出版社，2022.

市而努力。

二、"绿水青山就是金山银山"课程群的案例遴选及其结构

（一）遴选代表性案例

伴随着"绿水青山就是金山银山"理念深入人心，我国形成了一批改善生态环境质量、推动绿色发展转型的鲜活案例和实践样本。这些也成为跨学科主题学习课程开发的主要资源，由此，也形成了形式多样的跨学科主题学习案例，如抚仙湖、绿色出行、植树治沙、蟹稻共生、生态水池等。

在众多案例中，如何遴选出更有代表性的案例呢？

1. "绿水青山就是金山银山"理念是否贯穿始终？

这些案例都将"绿水青山就是金山银山"理念贯穿始终。这里我们以"抚仙湖"为例，来具体描述这一理念的现实影响力。抚仙湖，这颗隐藏在云南深处的绿色明珠，曾因旅游业的急速扩张而面临生态危机。那些未经处理的污水悄无声息地流入湖中，让这颗绿色明珠渐渐失去了光彩。当地管理机构以坚定的决心采取了一系列行之有效的生态恢复措施。他们强化了对湖畔经营活动的监管力度，积极推动湖区的生态修复计划，如恢复植被、保护湿地和净化水质等。经过不懈努力，抚仙湖的水质终于得到了显著的改善，整个生态系统也逐渐恢复了往日的平衡与和谐。游客们又被这里清澈见底的湖水和如诗如画的自然风光所吸引。

抚仙湖的游客去了又来，可以说是对"绿水青山就是金山银山"理念的印证与诠释。正如习近平总书记指出的那样："在实践中对绿水青山和金山银山这'两座山'之间关系的认识经过了三个阶段：第一个阶段是用绿水青山去换金山银山，不考虑或者很少考虑环境的承载能力，一味索取资源。第二个阶段是既要金山银山，但是也要保住绿水青山，这时候经济发展和资源匮乏、环境恶化之间的矛盾开始凸显出来，人们意识到环境是我们生存发展的根本，要留得青山在，才能有柴烧。第三个阶段是认识到绿水青山可以源源不断地带来金山银山，绿水青山本身就是金山银山，我们种的常青树就是摇钱树，生态优势变成经济优势，形成了

浑然一体、和谐统一的关系，这一阶段是一种更高的境界。"

2. 是否在一个真实环境中建构与应用知识？

跨学科主题学习活动即引导学生围绕某一研究主题，将所学课程与其他课程的知识、思想、方法等结合起来，开展深入探究、解决问题的实践活动。因此，跨学科主题学习活动要强化实践性，改变以往知识学习的被动性。学生学习新知识的过程是运用知识解决问题的过程。学生运用知识解决问题的过程也是学习新知识的过程。跨学科主题学习通过做中学、学中做的形式培养学生运用知识解决实际问题的能力。

这里以"绿色出行倡议"活动为例做具体说明。随着全球气候变暖的形势愈发严峻，"低碳生活，绿色出行"成为热门议题。为了激发学生的环保意识，教师特别策划了一项别开生面的跨学科主题学习活动——"绿色出行倡议"。该活动由三个环节构成：首先，通过生动有趣的课堂讲解和直观形象的视频展示，教师向学生传递绿色出行的核心理念，揭示不同出行方式对环境的影响；其次，学生分组探讨，集思广益，共同探索绿色出行在日常生活中的实际应用，并制订切实可行的行动计划；最后，学生走出教室，亲身体验绿色出行方式，如悠闲地步行、自在地骑行，深切感受这些出行方式所带来的愉悦与益处。通过这次活动，学生不仅提升了环保意识，更学会了如何在日常生活中践行绿色理念。

（二）形成基本结构

为了强化跨学科主题学习的综合优势，并凸显课程的育人价值，我们构建了"绿水青山就是金山银山"生态文明教育课程的基本架构。这一创新架构致力于打造一个既纵向深入又横向贯通的课程体系，包含三大核心模块：命题之知、能力之知与行为之知。此结构将有助于学生从生态意识到生态技能、从生态伦理到社会责任的递进式培养，真正让"绿水青山就是金山银山"理念深入学生内心，并在实际行动中得以体现。

1. 模块一：命题之知

本模块聚焦于利用典型案例推动跨学科主题学习。例如，通过"蟹稻共生""植树治沙""三江平原保护""林下经济"等实例，学生将更加深入地理解如何结合地域特色推动经济发展，认识到生态优势的形成过程，并学会将生态优势转化为经济优势的方法。这些案例不仅深化了学生对"绿水青山就是金山银山"理念的理解，而且提高了他们分析实际问题的能力。

以浙江某山区的"林下经济"为例。近年来，当地林业部门积极探索并发展"林下经济"新模式。他们巧妙地利用林下空地，种植珍贵药材、饲养家禽，从而打造出一种别具一格的生态农业新景观。这一创新模式不仅让宝贵的土地资源得到了充分利用，更为当地村民开辟了新的增收渠道，实现了绿色发展与乡村振兴的和谐共鸣。该案例以农业经营的新形态呈现，其灵魂却深深植根于"绿水青山就是金山银山"理念。当地通过精心规划与科学管理，在保护森林生态的基础上，将丰富的生态资源转化为源源不断的经济收益，彰显了经济与生态的和谐共生。

2. 模块二：能力之知

该模块是以典型项目为中心的跨学科主题学习，已开发案例包括树木简历、梦清园、生态水池、屋顶花园等。通过该模块的学习，学生不仅理解了学科大概念、跨学科大概念，还能形成实际操作技能，提升解决问题的能力。例如，学生可学习如何阅读和提取地图上的地理信息；设计社会调查方案，利用问卷、访谈等方式进行调查，以及运用"绿水青山就是金山银山"理念解决复杂问题。

以"屋顶花园"项目为例。随着城市化进程的加速，地面空间日趋缩小，城市生态环境面临的挑战也日益严峻。在这样的背景下，市中心某所学校启动了"屋顶花园"项目。原本空旷无物的屋顶，如今已变身为一个充满生机的花园。园内种植了多种植物，包括各种花卉、郁郁葱葱的灌木、小型乔木，它们共同构成了一个多元化的生态系统。这个生态系统不仅为师生们营造了一个宁静轻松的环境，也为改善城市生态环境质量作出了积极贡献。

这个独具特色的生态实践项目不仅美化了城市的天际线，更重要的是，它传递了深刻的生态文明理念和责任感。它呼吁我们更加积极地关注并投身于城市生态环境保护和改善工作中，通过实实在在的行动，为城市的可持续发展贡献自己的力量。

3. 模块三：行为之知

该模块是以研学、实践为核心的跨学科主题学习，通过观察、实地考察、实验等实践活动，使学生能够在真实情境中应用所学知识，深刻领悟现实世界的复杂性和多样性，鼓励学生将"绿水青山就是金山银山"理念融入日常生活，从细微之处做起，如减少一次性产品使用、实施垃圾分类、选择节水节电环保产品、优先使用公共交通工具等。同时，该模块通过种植树木、节约用电用水、珍惜粮食和纸张等日常生活中的小事，培养学生的环保意识，实现知行合一。

以"绿色小卫士"活动为例。活动伊始，教师组织了一场绿色知识小讲座，邀请环保专家给大家讲解环保知识，比如垃圾分类、节能减排等；接下来是绿色创意工作坊，让学生用废旧物品制作一些实用的环保小物品，比如环保笔筒、废纸箱改造成的小书架等；然后成立"绿色小卫士"巡逻队，负责监督校园内的环保行为，比如提醒大家关闭未使用的电灯、水龙头等；最后发起了"一盆绿植，一份责任"的领养活动。整个活动下来，学生在轻松愉快的氛围中不仅学到了环保知识，还锻炼了团队协作能力、创新能力和动手能力。

三、"绿水青山就是金山银山"课程群的学习方式

在"绿水青山就是金山银山"课程群的设计与实施中，学习方式的重要性不言而喻。因为它不仅关乎学生对这一理念的理解与践行，同时也影响着学生核心素养的提升和跨学科实践能力的培养。本课程群以多样化的学习方式，引导学生从多维度、多层面去探索、体验和实践，从而真正将生态文明理念内化于心、外化于行。内化于心，是指学生在认知上理解生态文明理念，在情感上认同和接纳生态文明理念，并将其作为自身价值观的一部分；外化于行，是指学生能够将生态文明理念转化为日常行动，自觉实施环保行为，积极参与生态文明建设，成为生态文明理念的传播者和践行者。

（一）案例学习

1. 竹海茶乡

在乡村振兴与生态文明建设深度融合的背景下，如何将区域生态资源转化为可持续的发展动能，成为跨学科教学探讨的热门话题。作为"绿水青山就是金山

银山"理念的诞生地，安吉县在实践中创新，在创新中发展，形成了一个可复制的生态经济典型范例。本案例以安吉县为样本，重点关注"竹海茶乡"生态经济发展路径。

竹海观光体验带。在安吉县的生态经济发展中，竹海观光体验是最基础的一环。教师展示安吉大竹海景区玻璃栈道、竹博园熊猫馆等场景。走在玻璃栈道上，游客仿佛置身于竹林之上，脚下是翠绿的竹海，远处是连绵的青山；在竹博园熊猫馆，大熊猫在竹林间嬉戏，吸引众多游客驻足。可见，竹海观光体验巧妙借助当地的自然环境，将竹海、青山与旅游项目相结合，给游客带来了良好的体验。

乡村民宿聚落群。教师以"小瘾·半日村""云上草原"等民宿为例分析其迭代逻辑。民宿 1.0 时代，安吉以农家乐为主，设施简陋，服务单一，主要满足游客住宿需求。民宿 2.0 时代开始注重环境美化和服务提升。民宿 3.0 时代实现了集群化发展，在文化内涵和服务品质上有了质的飞跃。但是，在发展中如何做好村落原生性保护？针对这个问题，学生们展开了一场模拟谈判，在尊重各方利益诉求的基础上，找到了商业开发和村落保护之间的平衡点，实现了共赢。

白茶产业链升级。安吉积极推动茶旅融合，将茶园打造成旅游景点，让游客在欣赏茶园美景的同时，还能够体验采茶、制茶的乐趣，提升了白茶的附加值。教师展示"一片叶"的蜕变过程并引导学生计算其附加值。计算结果显示，通过深加工和品牌化，白茶附加值大幅提升。这一发现让学生们认识到了产业升级的重要性。

竹工艺现代转型。竹工艺是安吉的传统手工艺之一，具有悠久的历史和独特的魅力。学生们围绕"当竹编遇见 3D 打印，如何守住文化基因"这一问题展开讨论，最终提出了"科技赋能＋非遗传承"的融合方案：一方面，要充分利用 3D 打印等技术提高竹编生产效率和质量；另一方面，要加大竹编非遗传承人的培养力度，大力弘扬竹编文化。

案例总结：通过对安吉"竹海茶乡"生态经济发展路径的学习，学生理解了生态资源转化的方法和路径，认识到生态文明建设与经济发展的紧密联系。教师布置课后作业，让学生选择一个熟悉的区域开展案例研究，探讨生态资源转化的可持续发展路径。

2. 金泽探秘

如何让生态优势成功转化为经济优势？课堂上，教师以一段视频引导学生感受上海市青浦区金泽镇古桥、流水的独特韵味，开启了一场关于绿水青山转化为金山银山的探索之旅。在本案例中，学生能够了解金泽镇是如何依托生态旅游、生态农业、文化创意产业等路径，让生态资源焕发经济活力的。

生态旅游。在古镇文化旅游板块，教师展示金泽镇明清古桥、古建筑和传统街巷的图片，介绍普庆桥、如意桥的历史故事和建筑特色，以及金泽镇的传统民俗活动。之后，教师组织学生分组讨论：古镇文化旅游对促进经济发展能起到什么作用？在开发过程中，如何平衡文化保护和旅游开发的关系？小组代表发言，教师总结点评。在乡村休闲旅游板块，教师介绍蔡浜村、岑卜村等特色乡村的民宿、农家乐和景点，阐释特色民宿的设计理念、农家乐的经营模式，以及乡村旅游特色活动，如采摘、垂钓等。在水上运动旅游板块，教师介绍水上运动项目，如皮划艇、帆船等，还展示了相关活动的照片和视频，引导学生分析这些项目对吸引年轻游客、丰富旅游产品体系的重要作用。

生态农业。在绿色农产品种植板块，教师展示金泽镇的大米、蔬菜、水果等农产品图片，介绍金泽镇如何通过生态农业种植模式来生产无污染、高品质的绿色农产品。在特色水产养殖板块，教师分析金泽镇如何利用丰富的水资源来发展特色水产养殖业。在农业观光与农产品采摘板块，教师讲解金泽镇如何开展农业观光与农产品采摘活动，并分析其对促进农业和旅游业融合发展、增加农业附加值的重要作用。

文化创意产业。在传统手工艺传承与创新板块，教师展示金泽工艺社的竹编、刺绣、陶艺等传统手工艺作品。在文化活动与节庆板块，教师以金泽镇定期举办的金泽文化艺术节、江南水乡民俗文化节等为例，分析这些活动对提升金泽镇知名度和文化影响力的作用。在文化创意产业园区建设板块，教师讲解金泽镇如何规划建设产业园区，吸引企业入驻，促进产业集聚发展，分析了产业园区对推动文化产业成为金泽镇新经济增长点的作用。

案例总结：教师和学生一起回顾了本案例的主要内容，并着重强调了"绿水青山就是金山银山"理念在金泽镇发展实践中的生动体现，以及将生态资源转化为经济优势的重要性。

（二）项目化学习

项目化学习在本课程群中发挥着关键作用。它以项目为驱动，打破传统以教师讲授为主的教学模式，让学生围绕一个真实、复杂且具有挑战性的任务，通过自主探究、合作交流、实践操作等方式，获取知识、培养技能并发展综合素养。本次项目化学习活动聚焦于"筑梦未来花园"与"社区生态家园"，帮助学生深入了解未来城市的建设与发展。

1. 筑梦未来花园

花园，承载着人们对美好生活的无限向往。它不仅是城市居民休闲放松的场所，还是人们探索未来城市发展方向的切入点。如何在有限的城市空间里打造出更具生态价值、科技含量和人文关怀的花园，成了人们当下亟待思考的问题。

启幕：溯源古今，点燃创意之火。活动伊始，教师借助多媒体，为学生展开了花园画卷。大屏幕上，巴比伦"空中花园"宛如悬浮在空中的仙境，层层叠叠的平台上种满了奇花异草，潺潺流水从高处倾泻而下。紧接着，新加坡滨海湾花园那巨大的超级树在夜空中闪烁着五彩光芒，超级树汇聚了环保和科技功能，如太阳能发电、雨水收集等。这些生动、鲜活的案例激发了学生的好奇心。教师趁热打铁，引导学生深入思考花园的重要作用。有的学生说花园是城市的"绿肺"，能够吸收二氧化碳、释放氧气；有的学生提到花园为居民提供了休闲娱乐的好去处，是人们放松身心、亲近自然的理想场所；还有的学生从生态平衡的角度出发，指出花园是众多动植物的栖息地，对于维护城市生物多样性至关重要。

协作：头脑风暴，勾勒设计蓝图。随后，学生自由组队，展开了激烈的头脑风暴。有的小组聚焦于生态环保，设想在花园中种植多种能够净化空气、吸附有害物质的植物，如绿萝、吊兰、芦荟等，并在花园中开辟人工湿地，进一步净化雨水，利用雨水来冲洗花园中的小径。有的小组对智能科技情有独钟，设想通过传感器实时监测土壤湿度、光照强度、空气温度等环境参数，然后根据这些数据自动调节灌溉和照明系统，与此同时，还关注系统的稳定性和可靠性，以降低能耗。

匠造：融合多学科知识，雕琢精品模型。为了使模型更加完美，学生充分发挥多学科优势。在植物种植方面，学生通过查阅资料和实验，了解不同植物对土壤酸碱度、肥力、水质等的要求。有的小组还制作了土壤酸碱度检测仪，以便随时监测土壤酸碱度并进行调整。为了让植物更好地生长，他们还研究植物的光合作用原理，合理设置光照时间和光照强度。在智能设备的制作方面，有的小组通过编程来控制智能灌溉系统，让灌溉系统能够根据植物的实际需求自动调节水量和灌溉时间。在制作过程中，学生遇到了许多技术难题，如传感器的精度不够、程序的逻辑错误等，但他们没有退缩，而是通过查阅资料、请教师长和反复调试，不断尝试、调整和优化。在建筑模型的搭建方面，他们使用各种工具，如剪刀、胶水、锯子等，将木材、塑料等加工成所需的形状，然后小心翼翼地将它们组装在一起。在搭建过程中，他们遇到了材料强度不够、结构不稳定等问题，但通过改变材料的使用方式、增加支撑结构等方法，最终成功搭建出了坚固美观的建筑模型。

绽放：精彩展示，共赴成长之约。举办展示会时，教室变成了一个充满创意和活力的未来花园世界。各小组纷纷亮出自己的"撒手锏"，有精美的海报、生动的讲解和互动演示。这场"筑梦未来花园"项目化学习活动不仅让学生学到了丰富的知识和技能，更培养了他们的创新思维、团队协作能力和问题解决能力。

2. 社区生态家园

社区生态环境的好坏直接关系到每一位居民的生活质量。在此背景下，一场项目化学习活动应运而生。学生通过实地调研、方案设计、宣传推广等环节，为社区生态家园建设添砖加瓦。

启幕：知识铺陈，点燃探索热情。活动伊始，教师播放了关于国内外优秀绿色社区的视频。有的社区利用太阳能光伏发电，减少了对传统能源的依赖；有的社区建立雨水收集系统，将雨水用于花草灌溉，实现了水资源的循环利用。随后，教师引入"绿色社区"概念，帮助学生认识到绿色社区不仅环境优美，而且可持续发展。此外，教师还讲解了太阳能利用、雨水收集、垃圾分类与处理等生态知识。

探寻：实地调研，洞察问题根源。在实地调研阶段，学生以自由组队的形式进入社区开展调研活动。有的小组发放调查问卷，广泛收集居民意见；有的小组与居民面对面访谈，倾听他们的心声和诉求；还有的小组实地观察社区环境状况。他们发现了一些潜在的问题，比如一些居民家中电器长时间处于待机状态，垃圾桶内各种垃圾混杂在一起，缺乏足够的绿色空间供居民休闲娱乐，等等。

谋划：方案设计，探索实践路径。在方案设计与实践探索环节，各小组集思广益，精心设计绿色社区建设方案。在节能减排方面，他们积极推广使用节能灯具；在资源循环利用方面，他们提出建立垃圾分类回收站，提高垃圾回收效率，让可回收物得到再利用；在生态环境改善方面，他们计划通过增加绿化面积来营造宜居环境，让社区充满生机与活力。

绽放：成果展示，见证成长与蜕变。项目圆满结束后，各小组采用多样化形式进行了成果展示。从项目起源到方案制定，再到实践开展，每一个环节都得到了充分展示，一张张照片、一段段文字记录了项目过程中的点点滴滴。

（三）开展实践活动

实践活动是本课程群中不可或缺的一部分。学生通过亲身参与和体验将所学知识应用于实际情境中，从而加深对"绿水青山就是金山银山"理念的理解与认同。

1."一江一河"

在上海这座充满魅力的国际大都市里，黄浦江和苏州河宛如两条灵动的丝带穿城而过。它们可不是两条普通的河流，而是上海这座城市发展历程的鲜活见证者，更是未来上海提升城市能级与核心竞争力的关键所在。

从生态层面来看，"一江一河"的生态修复和保护工作就像一场悄无声息却又意义重大的绿色革命。曾经，苏州河的水质恶化，散发出难闻的气味，两岸的环境也杂乱不堪。但经过多年努力，河水逐渐变清，两岸绿树成荫，花草繁茂。清晨，漫步在苏州河畔，微风拂面，带着淡淡的水汽和花草的清香，让人心旷神怡。傍晚，黄浦江边华灯初上，江水在灯光的映照下波光粼粼，仿佛一幅美丽的画卷。

"一江一河"是上海城市文化的灵魂所在。沿岸那些风格各异的历史建筑就像一部部厚重的史书，每一块砖石、每一条纹路都诉说着过去的故事。外滩的万国建筑博览群见证了上海开埠后的繁华与沧桑；苏州河畔的老厂房经过改造后摇身一变成为充满艺术气息的创意园区，既保留了工业时代的印记，又融入了现代文化元素。还有那些散落在两岸的工业遗迹，它们是上海工业发展的见证者，承载着无数人的希望与梦想。

"一江一河"沿岸地区的发展为上海的经济增长注入了新的活力。如今，这里高楼林立，金融、商贸、文化创意等产业蓬勃发展。黄浦江两岸的陆家嘴金融区汇聚了众多国内外知名金融机构，是上海国际金融中心的重要象征；苏州河畔的创意园区吸引了大量的创新企业和人才，成为上海文化创意产业的新高地。

在这片充满魅力的土地上，一群充满朝气与活力的学生用自己的方式与"一江一河"进行着一场场亲密的互动。

实地探秘：触摸历史的脉搏。一个阳光明媚的周末，一群学生踏上了"一江一河"探索之旅。他们首先来到了苏州河畔的一处由老厂房改造而来的创意园区。一走进园区，学生们就被眼前充满艺术气息的景象所吸引。斑驳的墙壁上满是色彩斑斓的涂鸦，废弃的机器零件被巧妙地改造成各种独特的雕塑。学生们兴奋地在园区里穿梭，不时停下脚步，仔细观察每一个细节。他们和园区里的艺术家交流，了解创意作品背后的灵感来源和创作过程。一位艺术家说，他之所以选择在这里创作，是因为这里是上海工业发展的重要见证地，他希望通过自己的作品让更多的人了解和记住这段历史。接着，学生们来到外滩。站在外滩的观景台上，他们望着对岸陆家嘴的高楼大厦，不禁感叹上海的发展速度之快。与此同时，他们也没有忘记脚下这片土地的历史。他们走进外滩的历史建筑，仔细阅读介绍牌上的文字，了解每一栋建筑的建造年代、风格和用途。有的学生还拿出笔记本认真地记录，努力把这些历史知识装进头脑里。

环保行动：守护碧水蓝天。"一江一河"良好的生态环境来之不易，学生们深知这一点。一个周末的清晨，他们早早地来到了苏州河畔，穿着统一的志愿者服装，手里拿着垃圾袋和夹子，开始了垃圾清理工作。河边的草丛里、步道上散落着烟头、塑料瓶、包装袋等。他们不怕脏、不怕累，认真地捡起每一片垃圾。有的垃圾被埋在了泥土里，他们就用小铲子一点点地挖出来；有的垃圾漂在河边，他们就小心翼翼地用网兜捞起来。他们还向路过的居民宣传环保知识，告诉居民们要爱护"一江一河"的生态环境。一位居民对学生们竖起了大拇指，说："这些孩子真有爱心，我们大人应该向你们学习。"

创意表达：绘就心中的"一江一河"。学生们不仅用自己的行动去探索和保护"一江一河"，还通过创意表达的方式将自己对"一江一河"的热爱和感悟展现出来。有的学生用画笔描绘出"一江一河"的美丽风景，有清晨的江景、傍晚的河岸，还有两岸繁华的城市景象；有的学生用摄影的方式记录下"一江一河"的精彩瞬间，有航行在江面上的轮船、在河边散步的市民，还有充满历史韵味的建筑；还有的学生用文字写下自己对"一江一河"的赞美之情，语言优美，情感真挚，让人感受到了他们对这片土地的深深眷恋。

"一江一河"见证了上海这座城市的历史变迁，承载着无数人的梦想和希望。"一江一河"活动缩影就像一颗颗闪耀的星星，照亮了学生们成长的道路，也让"一江一河"的故事在年轻一代中得以传承和延续。

2. 城市热岛效应

城市化进程的加快使得城市热岛效应愈发明显。不同区域因功能定位、人口密度、建筑布局和产业分布的差异，城市热岛效应的表现也各不相同。深入研究城市热岛效应的形成机制并探寻有效的缓解策略，对于提升城市生态环境质量、推动城市可持续发展具有现实意义。本次活动的目标如下：通过数据分析、实地观测与模拟实验等，探究城市热岛效应的成因，并提出切实可行的缓解建议。

课堂上，学生们分成若干小组，分别承担不同的任务。数据收集组：收集近年来上海市不同区域的气温数据，分析城市热岛效应的时间与空间分布规律。实地观测组：在校园内及周边区域进行实地观测，记录不同时段、不同地点的气温、湿度等气象要素，并结合校园气象站的数据，对比分析校园内外热岛效应的差异。因素分析组：通过查阅文献资料，分析绿化覆盖率、人口分布、建筑密度、工业排放等因素对城市热岛效应的影响。模拟实验组：设计并实施模拟实验，如通过改变模型城市中的绿地比例、建筑布局等，观察城市热岛效应强度的变化，验证理论分析的准确性。

在活动过程中，各小组密切合作，共同推进项目进展。数据收集组通过整理气温数据，绘制了气温变化图表，揭示了上海城市热岛效应的显著特征；实地观测组在校园内外的多处地点进行了观测，记录了宝贵的一手数据；因素分析组通过文献综述与数据分析，明确了绿化与人口因素对城市热岛效应的关键作用；模拟实验组通过精心设计的实验，验证了理论模型的可靠性。最终，各小组将研究成果进行整合，形成了一份探究报告。报告不仅分析了城市热岛效应的成因与现状，还提出了有针对性的缓解措施，如增加城市绿地面积、优化建筑布局、推广绿色出行等。

四、"绿水青山就是金山银山"课程群的评价方式

（一）评价原则与评价目标

1. 评价原则

（1）多元化评价。采用多种评价方式，全面评估学生的学习过程和学习成果，包括过程性评价、终结性评价、自评与互评以及实践活动评价等。

（2）个性化指导。针对每个学生的特点和学习情况，提供个性化的反馈和指导，帮助他们明确改进方向，促进个性发展。

（3）注重实践应用。强调评价的实践性和应用性，通过实践活动和案例学习等方式，让学生将所学知识应用于实际情境中，提高学生解决问题的能力。

2. 评价目标

本课程群的评价目标从概念理解、能力表现和情感价值三个维度建构，即：学生能理解什么？能做什么？能成为什么样的人？全面评估学生在"绿水青山就是金山银山"课程群学习过程中的成长与进步。

（1）能理解什么？

学生能否深刻理解"绿水青山就是金山银山"理念的内涵，以及能否准确阐述"绿水青山"与"金山银山"之间的辩证关系。

学生对地理大概念和生物学大概念的理解程度，包括自然环境构成要素及其

相互关系、人类活动对地理环境的影响等。

（2）能做什么？

学生提取地图信息、分析地理事物和现象的能力。

学生设计调查方案和进行社会调查的实践技能。

学生在真实情境中分析、解决跨学科问题的能力，以及综合运用地理和生物学知识的能力。

（3）能成为什么样的人？

学生是否主动认同并践行人与自然和谐共生的生态文明理念？

学生是否能在生活和学习中展现出对环境保护的社会责任感？

学生是否愿意成为"绿水青山就是金山银山"理念的积极传播者和模范践行者？

（二）评价方式与实施

1. 过程性评价与终结性评价

过程性评价主要关注学生在学习过程中的表现和发展情况。其主要的评价方式有：① 观察记录。如在案例学习中，教师观察学生对案例的分析和讨论情况，评估他们的理解程度和思考深度。② 作品展示。学生提交的案例分析报告、项目设计方案、实践活动成果等是过程性评价的重要依据，如在"绿野农场"项目化学习中，学生提交的设计方案可从创新性、实用性和可行性等方面展开。

终结性评价主要关注学生的学习成果和达成的学习目标，如通过书面测试、口头测试等方式考核学生对相关知识的掌握情况。

2. 自评与互评

自评与互评是促进学生自我反思和相互学习的重要方式。学生自评：引导学生对自己的学习过程进行反思和总结。例如，在每次项目化学习结束后，教师可以要求学生填写一份自评表，让他们对自己在项目中的表现进行客观评价。学生互评：如在"打造校园生态绿意角"实践活动中，学生可以评价彼此在活动中的表现和贡献程度。

3. 案例举隅

以"绿色小卫士"活动的评价为例。活动伊始，教师可通过环保知识小测验检验学生对垃圾分类、节能减排等知识的理解程度，激发学生的兴趣。在绿色创意工作坊环节，学生积极参与，利用废旧物品进行创意设计和制作，教师观察和记录他们的参与度、选择能力、创新性及成品质量，并通过展示分享促进学生相互学习。在绿植领养活动环节，学生可以自我评价，也可以互相评价，看看谁把绿植养得最好。活动尾声，评选"绿色之星"，表彰环保表现突出的学生和班级，激励全员参与。

这样的活动评价方式和流程不仅能让学生学到环保知识，还能培养他们的动手能力和创意思维，更重要的是，能让大家真正参与到环保行动中来，共同守护我们的地球家园。

後　記

教育部办公厅印发的《基础教育课程教学改革深化行动方案》与《教育部等十八部门关于加强新时代中小学科学教育工作的意见》等文件进一步明确将"跨学科主题学习"视作深化课改的重要抓手，这对我国课程改革的深化具有重要的牵引作用，同时也推动了区域教研人员对跨学科的深入研究。

我们对跨学科学习的研究起步于 2020 年，在摸爬滚打中汇编了《培养创造力——跨学科实践创新课程设计案例》。其核心观点是：跨学科的基本内核是"源于生活需求，解决现实问题"，具有实践性、综合性等特征，这与新课标的精神非常吻合。

2021 年，我们聚焦初中地理与生物学的跨学科研究。在理论层面，我们探讨了跨学科案例分析的内涵，初中地理、生物学大概念，作业与命题设计，等等。在实践层面，我们将其与课程领导力项目整合，开展了跨学科学习的课堂实践、教研组建设、校本课程的融入等。回望走过的路，我们非常好地把握了跨学科主题学习的内涵与特质：跨学科主题学习是"跨科目"的主题综合学习，即基于地理（或生物学）科目 A，整合运用生物学（或地理）科目 B 的概念、观念和方法，以解决真实情境中的问题。

2022 年，我们编写了跨学科主题学习研训一体课程，对黄浦区的初中地理、生物学教师进行了全员培训，与此同时强化了日常的案例设计指导，破解设计过程中遇到的种种困惑。比如，跨学科案例分析如何融入日常课堂教学，其基本教学范式是什么？项目化学习与跨学科主题学习的基本关系是什么？如何凸显跨学科主题学习的实践性，形成地理、生物学的实践教学范式？跨学科主题学习的大

203

单元设计思路是什么？我们与黄浦区教师共同成长，相互促进，完成了本项目的部分实证研究。

2023 年，我们研究了跨学科主题学习的课程设计，形成了"绿水青山就是金山银山"跨学科主题课程群。感谢黄浦区教育学院梅洁副院长、黄金丽主任，她们牺牲了暑期的休息时间，陪伴我们一起"爬格子"。感谢上海教育出版社隋淑光老师、杨宏玲老师的精心指导。感谢上海市教师教育学院（上海市教育委员会教学研究室）中学生物学教研员周韧刚老师、虹口区教育学院高中地理教研员陈大路老师，他们一直和我们战斗在一起，还帮助我们完成了书稿审读工作。感谢华东师范大学田薇臻博士帮忙审读书稿。感谢上海市市南中学於琳老师帮助我们完成了本书的图片和图表的美化处理工作。2023 年 11 月底，书稿撰写工作基本完成。其中，第一部分，第二部分一、二、四、五，第三部分一、二和第四部分由杨东平执笔；第二部分三、五和第三部分三、四、五由柯晓莉执笔。

回顾一路走来的研究历程，有诸多的苦处。感谢黄浦区教育学院魏薇书记、邢至晖副书记对我们的鼓励，奚晓晶院长亲临课堂的指导，师训部副主任王凌珏的帮助，你们让我们有了继续坚持的勇气和动力！本项工作得到了上海市教师教育学院（上海市教育委员会教学研究室）、黄浦区教育局等单位的大力支持！黄浦区多位地理教师和生物学教师为本书的案例作出了贡献，如陶燕、唐斌、黄惠萍、於琳、张璐、吉媛媛、姜琳等，在此一并表示感谢！

这是一本从实践中来、到实践中去的书。我们对跨学科主题学习的理解难免挂一漏万，敬请读者和业内专家学者批评指正。

杨东平

2024 年 8 月 8 日

图书在版编目（CIP）数据

跨学科主题学习设计：大概念视角 / 杨东平，柯晓莉著. — 上海：上海教育出版社，2025.5. —（黄浦区教师专业发展与学术成长书系）. — ISBN 978-7-5720-3470-1

Ⅰ. G632.0

中国国家版本馆CIP数据核字第2025N13L96号

策划编辑　隋淑光
责任编辑　杨宏玲
封面设计　王　捷

Kuaxuekezhutixuexi　Sheji　Dagainian Shijiao
跨学科主题学习设计：大概念视角
杨东平　柯晓莉　著

出版发行　上海教育出版社有限公司
官　　网　www.seph.com.cn
地　　址　上海市闵行区号景路159弄C座
邮　　编　201101
印　　刷　上海普顺印刷包装有限公司
开　　本　700×1000　1/16　印张 13.75
字　　数　207 千字
版　　次　2025年6月第1版
印　　次　2025年6月第1次印刷
书　　号　ISBN 978-7-5720-3470-1/G·3099
定　　价　68.00 元
审 图 号　GS（2024）1281号

如发现质量问题，读者可向本社调换　电话：021-64373213